사슴과 포도나무

사슴과 포도나무

주연우의 글쓰기

북랜드

머리말

'나도 쓸 수 있을까'라는 마음으로

나는 아주 어릴 적, 동화책 그림이 좋아서 책을 처음 읽기 시작했다. 그때는 글보다 그림이 먼저 눈에 들어왔지만, 어느새 글이 더 궁금해졌고 조금씩 책 속으로 빠져들게 되었다.

책은 나에게 거울 같았다. 내가 어떤 상태로 읽느냐에 따라 전혀 다른 느낌으로 다가왔고 때로는 위로가 됐고 때로는 나를 재미있게 만들기도 했다. 책은 내가 한 번도 가보지 못한 세상으로 데려가는 여행의 친구였고, 생각하고, 성찰하게 하는 조용한 선생님이었다. 그리고 무엇보다도 오래된 친구처럼 늘 곁에 있었다. 이 글은 그런 책들과 내가 나눈 조용한 대화들을 모은 기록이다.

『총, 균, 쇠』는 현재에만 갇혀 있던 내 시야를 아주 멀리 문명의 흐름으로 끌고 갔다. 『코스모스』는 우주

이야기를 하다가도 결국 인간과 시간에 대한 질문을 던지게 만들었다. 『이솝우화』는 짧지만 오래 남는 문장들로 나를 성찰하게 했다. 각기 다른 책들이었지만 결국은 나와 세상에 대해 되돌아보고 성찰하게 했다는 점에서 닮아 있었다.

독후감을 쓰고 있을 때, 선생님께서 "이거 그냥 넘기기 아깝다. 책으로 만들어보면 어때?"라고 말씀하셨다. 사실 처음엔 얼떨떨했고, '책은 잘난 사람들만 내는 거 아닌가?' 싶었다. 전문가도 아니고 글을 엄청 잘 쓰는 것도 아닌 내가 이런 걸 써도 되나 싶기도 했다. 근데 곰곰이 생각해 보니 꼭 완벽한 글이 아니어도 진심이 담겨 있다면 누군가에게는 닿을 수도 있겠다는 생각이 들었다. 어릴 때부터 차곡차곡 쌓아온 독서에 대한 나의 생각, 그걸 기록해 온 나 자신을 믿고 작지만 진심을 담은 이 책을 꺼내놓는다.

주연우

추천글

거북이 독서

영국의 철학자 프랜시스 베이컨은 "독서는 완전한 사람을 만들고, 토론은 부드러운 사람을 만들며 글쓰기는 정확한 사람을 만든다."고 했다. 주연우 학생은 지금 고등학교 2학년이다.

연우 학생은 오랜 시간 꾸준히 독서를 하여 왔는데 초등학교 5학년 때 저자 '재레드 다이아몬드'의 『총, 균, 쇠』를 읽기 시작했다. 대학생 수준의 책이지만 입시 준비로 시간에 쫓기지 않을 시기에 느긋하게 세계와 고대로 눈을 뜨게 해주자는 것이 하나의 작은 목표였다. 주 1회 90분가량, 조금씩 조금씩 거북이 걸음으로 5대양 6대주의 지도를 짚어가며 인간의 발자취, 수렵채집민과 농경민의 삶, 야생동물의 가축화, 대륙의 축을 따라 전파된 문화·세균·문자·기술 그리고 대륙 간 불균형 등을 탐독했다. 결국 초등학생으로서는 벅찬 이 책을 근 2년 만에 750쪽의 분량을 완독하였다.

　중학생이 되어서 저자 '칼 세이건'의 『코스모스』를 읽기 시작했다. 이 책도 대학생들이 주로 읽는 책이다. 역시 주 1회 거북이 걸음으로 진도를 나가다 보니 근 2년 만에 700쪽이 넘는 부피에 담긴 우주의 생성과 별, 행성, 빛, 아름다운 은하에 관한 이야기를 흥미 있게 탐독하였다. 두 권 모두 읽기만 한 것이 아니라 투닥투닥 서툰 솜씨지만 컴퓨터로 요약과 소감을 적게 했다. 그리고 마지막으로 중3 겨울방학 동안에는 『이솝우화』를 읽고 요약하면서 감상한 것을 글로 표현했다.

  초등학교, 중학교를 다니는 동안에 연우 학생은 나에게 학교생활, 교우관계 등을 많이 이야기했다. 독서가 마음을 열게 했다고 할 수 있다. 어쩌면 직장 생활로 바쁜 부모님에게보다 더 많이 이야기를 들려줬을 것 같다.

  고등학교에 입학하면서 생각도 크고 키도 커졌다. 고등학교 2학년이 될 무렵 그동안 어렵게 써왔던 글들을 덮어두기가 아깝다는 생각이 들어서 책을 내기로 하고 원고를 모았다. 아뿔싸! 연우 학생의 컴퓨터에 저장되어 있어야 할 원고들이 없어져 버렸다. 특히 『코스모스』 독후감은 흔적도 없이 사라졌다.

처음부터 책을 내겠다는 계획도 없이 그저 써 내려갔던 지난날이 후회스러웠고, 수년간 진땀을 흘리며 쓴 글들을 잘 챙겨주지 못하고 소홀히 한 것이 마음 아팠다. 멀리 내다보지 못한 작은 실수였다. 그나마 남아있는 초등학생과 중학생 때의 독서 결과물을 모아서 꿈 많은 고교 시절에 한 획을 긋게 해줘야겠다는 마음에 한 권의 책을 엮게 되었음을 밝힌다.

　이 출판을 계기로 앞으로 주연우 학생이 더 훌륭한 문장력을 쌓아서 글쓰기를 통해 마음을 갈고닦아 마음이 아름다운 훌륭한 사회인으로 성장하기를 바라는 마음도 이 글에 함께 붙인다.

이순옥 | 문학박사, 시인

| 차례 |

| 머리말 | '나도 쓸 수 있을까'라는 마음으로 .... 주연우 4
| 추천글 | 거북이 독서 .... 이순옥 6

재레드 다이아몬드의
『총, 균, 쇠』를 읽고

15장 _ 대륙 간 불균형 이론과 원주민들이 낙후된 원인	16
15장 _ 오스트레일리아와 뉴기니의 차이점	18
15장 _ 대륙 간 불균형에 대해서	21
15장 _ 오스트레일리아가 문화를 받아들이지 못한 이유	24
1장 _ 동물의 역사와 구별되는 인류의 역사	27
1장 _ 재레드 다이아몬드 박사가 '대약진'이라고 명명한 시기의 일들	31
2장 _ 뉴질랜드의 마오리족과 채텀섬의 모리오리족·1	34
2장 _ 뉴질랜드의 마오리족과 채텀섬의 모리오리족·2	38
3장 _ 아타우알파와 피사로 사건	41
4장 _ 식량 생산의 기원	46
5장 _ 인류 역사가 갈라놓은 유산자와 무산자	50
6장 _ 식량 생산민과 수렵채집민의 경쟁력의 차이	53
7장 _ 야생 먹거리의 작물화 과정·1	57
7장 _ 야생 먹거리의 작물화 과정·2	60

9장 _ 선택된 가축화 '안나 카레니나의 법칙'·1   63
9장 _ 선택된 가축화 '안나 카레니나의 법칙'·2   67
10장 _ 대륙의 축으로 돈 역사의 수레바퀴   69
11장 _ 생명을 가진 세균   72
11장 _ 가축의 치명적 대가, 세균이 준 사악한 선물·1   75
11장 _ 가축의 치명적 대가, 세균이 준 사악한 선물·2   80
12장 _ 식량 생산 창시와 문자 고안과의 밀접한 연관   84

02 칼 세이건의 『코스모스』를 읽고

1 _ 코스모스의 바닷가에서   92
2 _ 우주 생명의 푸가   94
7 _ 밤히늘의 등뼈   96
8 _ 시간과 공간을 가르는 여행   98
10 _ 영원의 벼랑 끝   100

03 『이솝우화』를 읽고

나의 은인들	104
계획하며, 준비하며	107
신뢰성에 대하여	109
간섭받기 싫어서	111
어부지리	113
고집 때문에	115
삶의 적응	118
유인하다	120
충고에 대하여	122
자기 꾀에 빠지다	125
이기심의 기도	127
좋은 조언, 나쁜 조언	129
실수	132

과욕은 실패의 지름길	134
성급함의 결과	137
잘못된 집중력	139
잘난 뿔, 못난 다리	141
거짓말	143
비겁한 행동	145
얕잡아 보다	147
차별대우	149
욕심이 화를 부르네	151
노력이 자만을 이기다	153
강자와 약자	155
자만심이 불평을 쌓네	157

01

재레드 다이아몬드의 『총, 균, 쇠』를 읽고

『총, 균, 쇠』 15장
대륙 간 불균형 이론과 원주민들이 낙후된 원인

 오스트레일리아가 유럽인이 아닌 원주민들의 땅이었고 후진성을 가지고 있었다는 사실에 놀랐다. 왜냐하면 이 책을 읽기 전에는 원래부터 그곳은 백인들이 살고 있는 나라라고 생각하고 있었기 때문이다.

 그레이터 오스트레일리아는 육대주 중에서 가장 앞서가고 있었던 대륙이라고 한다. 그런데 홍적세 때에 뉴기니와 오스트레일리아를 이어주던 토레스 지역에 물이 차 버려 서로 갈라지게 되었다. 그 후 그곳에 백인들이 점령하여 이주해 오면서 오스트레일리아의 원주민은 가장 건조하고 척

박한 땅으로 쫓겨나서 아직도 수렵채집민으로 살아가고 있다고 한다.

뉴기니는 오스트레일리아로부터 145km밖에 떨어져 있지 않지만 뉴기니인들은 농경사회를 이루어 정착민으로 살아가면서 오스트레일리아 원주민들에 비해 문화적으로 월등히 앞서가고 있었다. 그러나 오스트레일리아 원주민들은 수렵채집민으로 계속 떠돌이 생활을 하고 있다는 것을 알게 되었다.

그런데 정착민과 수렵채집민이라는 이유만으로 그렇게 문화적으로 차이가 날 수 있는 건지 정말 궁금하다. 그리고 독서 선생님이 이 책을 1장부터 순서대로 읽지 않고 뒷부분에 있는 15장부터 읽게 한 이유를 나는 알 수 없다. 그러나 독서를 하다 보면 그 이유를 알게 될 것이고 어째서 정착민과 수렵채집민이 문화적 차이가 나는지에 대해서도 궁금증이 풀릴 것이라 생각한다.

『총, 균, 쇠』 15장

오스트레일리아와 뉴기니의 차이점

(2019. 1. 30)

오스트레일리아와 뉴기니는 145km밖에 떨어져 있지 않다고 했지만, 문화적 차이가 많이 난다. 그 이유 중 하나는 환경적 차이 때문이다. 왜냐하면 뉴기니는 위치가 적도 부근이고, 산이 많고, 해발 5,000m에 높은 곳엔 빙하도 덮여 있다. 또 연 강수량은 평균 2,500~5,000mm로 다습하고, 기후변화가 미미하다. 그러나 오스트레일리아는 남단이 남위 40도에 가까우므로 온대까지 깊숙이 뻗어 있다. 그리고 대체로 대지가 낮고 평평하다. 기후적으로는 건조하고 평균 연 강수량은 500mm이며 연도별 편차가 크기 때문에 문화

사도 판이하게 다르다.

　오스트레일리아보다 발전이 빠른 뉴기니는 그레이터 오스트레일리아에서 가장 일찍 식량 생산이 시작되었다. 오늘날 고지대에서 생산되고 있는 주요 작물은 비교적 최근에 도입된 고구마와 타로토란, 바나나, 참마, 사탕수수, 각종 식용 풀줄기, 그리고 몇 가지 잎줄기 채소 등이다.

　뉴기니의 고지대 농업은 주로 해발 약 1,200m 이상의 고도에서 이루어진다. 그러므로 뉴기니의 농경인구는 고지대에서 살고 있고, 그 아래는 구름바다가 에워싸고 있어서 마치 하나의 섬처럼 보인다고 할 수 있다. 전 세계의 6,000개 언어 중에서 자그마치 1,000개의 언어를 뉴기니에서 사용하고 있다. 이들은 모두 중국어와 영어만큼이나 서로 많이 다르다고 한다.

　뉴기니가 크게 발전하지 못한 까닭은 인구가 적고 분열되어 있다는 점 말고도 다른 이유가 있는

데 그것은 다른 지역으로부터 기술과 아이디어가 들어올 수 없는 지리적 고립 때문이다. 다른 곳으로 가려면 저지대를 지나가야 하는데 저지대는 말라리아, 박테리아균 등이 많아 병에 걸려 죽을 수도 있기 때문이다.

나라들이 가까이 있으면 환경이 비슷비슷한 줄 알았는데 오스트레일리아와 뉴기니를 보고 생각이 바뀌었다. 또 뉴기니가 많이 발전하지 못한 또 다른 이유가 참 궁금하다.

『총, 균, 쇠』 15장

대륙 간 불균형에 대해서

(2024. 3. 2.)

 오스트레일리아가 백인들의 나라라고 생각했지만, 대륙 간 불균형 이론과 원주민사회의 낙후 원인을 읽고, 원래는 원주민들이 살고 있었다는 사실에 놀랐다. 그리고 나라들이 서로 가까이 있으면 환경도 비슷할 줄 알았는데, 오스트레일리아와 뉴기니를 보면서 가까이 있어도 환경이 다를 수 있다는 생각으로 바뀌었다.

 오스트레일리아는 가장 건조하고 척박한 대륙이다. 그러나 뉴기니와 오스트레일리아가 붙어있던 그레이터 오스트레일리아 시절에는 육대주 중 문화가 가장 앞서가고 있었다고 한다. 홍적세 때 뉴기니와 오스트레일리아를 이어준 토레스 지역에 물이 차면서 서로 갈라지게 되었고 그 후 문화적 차이가 많이 나게 되었다. 그 이유 중 하나는 환경적 차이이다. 뉴기니는 적도 부근에 위치하며, 산이 많고 다습하고 기후변화가 미미한 반면에 오스트레일리아는 온대에 위치하여 대체로 지대가 낮고, 건조하고, 연도별 강수량의 편차가 크다.

뉴기니는 그레이터 오스트레일리아에서 가장 일찍 식량 생산을 시작했으나 크게 발전하지는 못했다. 그 첫 번째 이유는 뉴기니의 농업이 주로 해발 약 1,200m 이상의 산 중턱에 이루어졌기 때문이다. 두 번째로 뉴기니는 인구도 적고 분열되어 있었다. 이들의 분열된 언어는 중국어와 영어만큼이나 다르다고 한다. 또 다른 이유는 바로 지리적 고립이다. 다른 곳으로 가려면 저지대를 지나야 하는데 저지대에는 말라리아, 박테리아균 등이 많아 병에 걸려 죽기 쉽기 때문이다.

지금으로부터 8,000~12,000년 전 오스트레일리아와 뉴기니는 한 땅덩어리였는데, 홍적세 때 기후변화를 통해 해수면이 높아지면서 땅이 나누어졌다는 것을 알았다. 오늘날에도 기후변화로 대형산불, 홍수 등의 피해를 입고 있는 곳이 많이 보도되고 있다. 이제 우리나라도 기후변화의 영향으로 열대과일을 재배할 수 있게 되었고 해수면의 수위도 높아진다고 한다. 그렇다면 앞으로 또 12,000년 뒤에는 지구가 어떤 모습으로 변화될지 궁금해진다.

『총, 균, 쇠』 15장

오스트레일리아가 문화를 받아들이지 못한 이유

(2019. 2. 15.)

    역사 시대에 오스트레일리아 서북부에는 해마다 인도네시아 술라웨시섬의 마카사르 지방으로부터 돛을 단 카누들이 찾아왔는데, 이때 이루어진 교역은 자연히 오스트레일리아 서북부에도 많은 흔적을 남겼다.

    마카사르인들은 천, 금속기, 토기, 유리 등을 교역품으로 가져왔지만, 원주민들이 그런 물건을 만드는 방법은 배우지 못했다. 다만 원주민들은 그들로부터 몇몇 단어와 의식, 그 밖에 카누 이용하는 법, 담뱃대로 담배 피우는 법 등을 배웠다.

그러나 이 같은 영향을 받았다고 해서 오스트레일리아 사회의 본질이 달라지지는 않았다. 그리고 마카사르인들은 소수가 찾아온 일시적인 방문에 그쳤기 때문에 내륙 깊이 들어가지는 않았다.

오스트레일리아인들은 항상 유랑형 수렵채집민이었으므로 마카사르인이 가져온 것 중에서도 자기들의 생활 방식에 맞는 것만을 받아들였다. 카누와 담뱃대는 좋지만 용광로나 돼지는 거절했다. 그곳 원주민들이 무슨 이유에서인지 뉴기니의 여러 가지 문물을 받아들이지 않자 뉴기니 문화는 오스트레일리아에 전달되지 못했다. 그래서 뉴기니는 토기, 활과 화살 등을 갖고 있었지만 오스트레일리아의 수렵 채집민들은 오스트레일리아 언어를 사용했고 돼지, 토기, 활과 화살을 갖지 못했다.

유럽인들은 오스트레일리아와 그 주변 섬들을 모두 정복했다. 그러나 뉴기니를 1526년 발견하고 정복하려 했지만 결국 정복하지 못했는데 그 까닭은 뉴기니 저지대의 말라리아를 비롯한 열대성 질병 때문이었다. 하지만 뉴기인들은 3,500년 동안이나 인도네시아 상인과 접촉하면서 유라시아의 병원균에 노출되어 있었으므로 오스트레일리아 원주민들에 비해 병균에 대한 저항력을 축적할 수 있었던 것이다. 그래서 결국 유럽인들은 뉴기니 동반부를 정복하지 못하고 포기할 수밖에 없었다.

뉴기니 지도를 보면 마치 공룡 한 마리를 보는 느낌이다. 그런데 공룡의 가운데를 직선으로 금을 그어 놓았다. 왼쪽은 '파푸아주' 오른쪽은 '파푸아 뉴기니'라고 표시되어 있다. 뉴기니가 다른 나라의 통치를 받다 보니까 오스트레일리아의 원주민들이 거래를 자유롭게 할 수 없어서 문화를 못 받아들인 줄 알았는데, 이 책을 읽어보니 파푸아 뉴기니는 원래부터 독립되어 있었던 나라다. 다만 오스트레일리아 원주민들이 원하지 않아 뉴기니의 문화가 들어오지 못한 것을 알게 되었다.

『총, 균, 쇠』 1장

동물의 역사와 구별되는 인류의 역사

(2019. 2. 20)

  각 대륙의 역사 전개를 비교하기에 적합한 출발선은 B.C. 11000년경이라고 한다. 이 연대는 세계의 몇몇 지역에서 촌락 생활이 시작된 시기, 홍적세 및 최종 빙하기의 말기, 그리고 지질학자들이 현세라고 부르는 시대의 초기 등과 대략 일치한다.

  동물의 역사와 구별되는 인류의 역사는 약 700만 년 전에 시작되었다. 그중의 첫 번째는 현대의 고릴라로 진화했고 두 번째는 현대의 침팬지, 그리고 세 번째가 인간이다. 화석들을 보면 약 250만 년 전부터는 신체 크기와 알맞게 두뇌 크기가 각각 커지기 시작했음을 알 수 있다. 그러한 선행 인류를 일반적으로 오스트랄로피테쿠스, 호모 에렉투스 등으로 부르는데 각각 그 순서대로 진화한 것으로 보인다.

처음에는 500만~600만 년에 걸친 인류의 역사는 아프리카에 국한되어 있었다. 50만 년 전 아프리카와 유럽 인류의 두개골은 현대인의 두개골과 상당히 유사하므로 호모 에렉투스가 아니라 우리와 같은 종인 호모 사피엔스로 분류된다. 그러나 초기 호모 사피엔스의 두뇌는 우리보다 상당히 작은 편이었으며 더구나 행동이나 그들이 만든 유물을 살펴볼 때 우리와는 천양지차였다. 초기의 호모 사피엔스가 우리에게 남긴 것이라고는 오직 그들의 유골과 조잡한 석기가 고작이다. 또 배를 만들거나 추운 시베리아에서 생존하는 것은 초기 호모 사피엔스의 능력으로는 어림도 없는 일이었다. 사실 네안데르탈인의 두개골은 우리보다 조금 더 컸다. 또한 그들은 죽은 자를 매장하고 환자를 돌보았다는 강력한 증거를 남긴 최초의 인류이기도 하다.

10만 년 전의 이 아프리카 인류는 동시대의 네안데르탈인에 비하여 현대인에 더 가까운 골격 형태를 갖추고 있다. 마침내 인류의 역사가 시작된 것은 약 5만 년 전이었는데, 그것은 이 책의 저자 재레드 다이아몬드 박사가 '대약진'이라고 명명한 시기다. 지금까지 보존된 크로마뇽인의 산물 중에서 가장 유명한 것은 바로 예술 작품이다. 일부 자연 인류학자들은 수십만 년 전에 중국과 인도네시아에서 살았던 인류의 두개골에 지금도 현대 중국인 및 오스트레일리아 원주민에게서 각각 발견되는 특징들이 나타난다고 주장한다. 그것은 현생 인류가 국지적으로 기원한 후에 다른 곳으로 퍼져 다른 유형의 인류를 대체하게 되었다는 것의 뚜렷한 증거이다.

이번에 오스트랄로피테쿠스가 아프리카의 남쪽 원숭이이고, 호모 에렉투스가 서서 걷는 사람이란 걸 알았다. 또 호모 사피엔스가 생각하는 사람이라는 것도 알게 되었다.

『총, 균, 쇠』 1장

재레드 다이아몬드 박사가 '대약진'이라고 명명한 시기의 일들

(2019. 2. 26)

재레드 다이아몬드 박사는 인류의 역사가 시작된 5만 년 전을 '대약진' 시기라고 명명했다. 그때에 우리의 조상이 유라시아에 살기 시작한 이래 인류의 지리적 범위가 크게 확대되었던 시기와 일치하기 때문이다. 빙하기가 계속되는 동안에는 많은 양의 바닷물이 얼어붙어 전 세계의 해수면이 현재보다 수 킬로미터나 낮아졌다. 그 결과 현재 아시아와 인도네시아의 수마트라, 보르네오섬 등 섬과 섬 사이에 있는 얕은 바다는 마른 땅이었다.

그 당시에도 아시아 본토에서 오스트레일리아

뉴기니로 건너가려면 최소한 여덟 개의 해협을 지나야 했다. 처음에 고고학자들은 오스트레일리아 뉴기니에 사람이 살게 된 것에 대하여 여러 사람들이 의도적으로 배를 타 그곳으로 갔을 가능성이 있고, 인도네시아의 뗏목을 타고 물고기를 잡던 몇 명의 사람들이 바다로 휩쓸려 나가면서 우연히 이루어진 사건일 가능성이 있다고도 말했다.

오스트레일리아 뉴기니에 사람이 살기 시작한 때 또 한 가지 사건이 있었다. 인간에 의해 최초로 대형 동물이 대량으로 멸종한 사실이다. 오스트레일리아 뉴기니의 대형 동물들은 인간이 살기 시작한 후에 모두 사라졌다. 그 멸종 사실에 대해서 학자들 간에 인간이 대형 동물을 제거했거나 기후변화 때문일 가능성도 있다고 말했다.

클로비스 유적은 B.C. 12000년경에 있던 유적을 말하는데 캐나다 국경 이남의 미국 및 멕시코 지역에서 B.C. 11000년 직전 몇 세기 동안의 것으로 추정되는 많은 유적들이 발굴되고 있다.

  오스트레일리아 뉴기니에 사람이 살고 있는 것에 대하여 사람들이 의도적으로 배를 타고 가서 살기 시작한 설이 맞다고 생각한다. 왜냐하면 만약 몇 명의 사람들이 바다로 휩쓸려 갔다면 1명 또는 2명밖에 살아남지 못할 텐데 그러면 오스트레일리아 뉴기니에는 혈족혼인으로 인해서 약하고 장애를 가진 사람들밖에 없을 것이다. 또 오스트레일리아 뉴기니에 대량 동물이 멸종한 것은 남획설이 맞다고 생각한다. 만약 그때 너무 건조해 모두 죽었다 하면 왜 하필 그곳에 사람이 살기 시작한 그때 모두 죽었는지 의문이기 때문이다.

『총, 균, 쇠』 2장

뉴질랜드의 마오리족과 채텀섬의 모리오리족·1

(2019. 3. 11.)

뉴질랜드에서 동쪽으로 800km 떨어진 곳에 채텀제도가 있다. 채텀제도는 폴리네시아에 속하는 섬인데 폴리네시아는 이스터섬, 채텀제도, 하와이섬 사이에 있다. 폴리네시아의 여러 사회에 다양성이 존재한 것은 폴리네시아의 섬들 사이에 적어도 여섯 가지 환경적 변수가 작용했기 때문이다. 그것은 섬의 기후, 지질, 유형, 해양 자원, 면적, 지형적 분열, 고립성 등이다. 폴리네시아는 대부분의 섬이 적도 부근에 위치하여 무더운 열대 혹은 아열대성 기후에 속하지만, 뉴질랜드 남섬의 남부는 아남극성 기후에 속한다. 섬의 지질적

유형에는 환초, 융기한 석회암, 화산섬, 대륙의 파편, 그리고 그것들이 혼합된 형태 등이 있다. 뉴질랜드는 곤드와나 대륙*의 파편이다. 해양 자원 면에서는 환초 때문에 초호가 형성되는 섬도 많다.

뉴질랜드 동쪽에 위치한 채텀섬에서 수세기 동안 살아오던 모리오리족은 1835년 12월에 갑자기 마오리족의 공격을 받아 전멸하게 된다. 처음에는 11월 19일 총과 곤봉과 도끼로 무장한 500명의 마오리족이 왔고, 이어서 12월 5일에는 400명이 더 왔다. 이들이 채텀제도에 도착하여 모리오리족을 노예로 삼았다가 나중에는 그들을 모두 죽여버렸다. 모리오리족이 수적으로 싸움에서 이길 수도 있었지만, 그들은 평화롭게 해결하는 전통이 있었다. 그들은 대표자 회의를 열어 싸우는 대신 평화와 우정을 제안하고 물자를 나눠 주기로 결의했다. 하지만 마오리족은 그 제안을 전하기도 전에 한꺼번에 공격해 왔다.

사실 두 집단은 같은 폴리네시아 농경민의 후손이다. 그들의 조상은 뉴질랜드섬에서 살았는데 그중 한 무리가 채텀섬으로 이주하여 모리오리족이 된 것이다. 뉴질랜드 북섬의 마오리족은 농경민으로서 기술과 정치 조직을 발달시켰지만, 모리오리족은 사방 바다로 둘러싸인 독립된 채텀섬에서 풍부한 해산물에 의존하여 안심하고 평화롭게 살아가면서 점점 더 단순한 기술과 수렵채집으로 후퇴했다. 그리고 채텀섬의 모리오리족은 섬 인구의 적정성을 유지하기 위해 신생아의 일부를 거세하여 인구가 한도를 넘지 않게 했다. 그 결과 전쟁을 모르는 삶을 살며 그들의 기술과 무기는 단순해졌고 강력한 지도층이나 조직력도 없었다.

이번에 폴리네시아 위치가 이스터섬, 채텀제도, 하와이 사이에 있다는 것을 알았고, 마오리족과 모리오리족의 이야기도 흥미 있게 읽었다. 그리고 농경민과 수렵채집민의 격차가 얼마나 크게 벌어지는지도 알게 되었다.

*곤드와나 대륙 : 남반구의 대륙인 남아메리카, 아프리카, 인도, 오스트레일리아, 남극 대륙이 하나의 대륙이었다는 가설상의 대륙

『총, 균, 쇠』 2장

뉴질랜드의 마오리족과 채텀섬의 모리오리족·2

(2019. 3. 11.)

 폴리네시아의 먹거리에 있어서 대부분 섬에서는 포식자가 없는 상태에서 진화한 날지 못하는 대형조류가 많았다. 뉴질랜드의 남섬에 서식한 모아새와 하와이섬의 날지 못하는 거위 등이 대표적인 경우로 그 새들은 손쉽게 잡을 수 있었으므로 대부분 전멸하고 말았다. 폴리네시아인의 선조들은 돼지, 닭, 개, 이 세 종의 가축화된 동물을 들여왔지만 폴리네시아 내의 다른 동물을 가축화하지는 못했다. 고립성이 심한 일부 섬에서는 그중의 한 종 또는 그 이상이 없어졌다.

 섬의 환경 때문에 수렵채집민이 된 곳 이외의

섬에서는 건조지 작물, 관개 작물, 과수 작물을 중심으로 농사를 지었다. 환경에 따른 먹거리 변동이 심했으므로 인구 밀도 역시 폴리네시아 각지에서 크게 달라졌다. 통가, 사모아, 소시에테제도 등은 1제곱마일당 210~250명이었고, 하와이는 300명에 달했다. 섬 내부의 통행에 강력한 장애물이 없는 작고 고립된 섬들의 경우에는 섬 전체가 정치적 단위가 되었다. 일반적으로 규모가 크고 밀도가 높을수록 기술과 조직은 점점 복잡해진다.

농경민들을 동원하는 비생산자에는 추장, 사제, 관료, 무사 계급 등이 있었다. 채텀제도와 환초섬이 가장 단순하고 가장 평등한 사회였다. 이 섬들에서도 폴리네시아 본래의 전통에 따라 추장이 있긴 했다. 하지만 그 추장들은 평민들과 똑같이 살았다.

폴리네시아인의 인공 유물 유형을 살펴보면,

채팀제도에서는 바다표범, 조류, 바닷가재 등을 잡을 때 손으로 쥐고 사용하는 곤봉이나 막대기 정도에 그쳤다. 폴리네시아의 여러 섬 사회는 각기 경제적 전문화, 사회적 복잡성, 정치적 조직, 유형 생산품 등이 크게 달랐다. 이는 인구 규모 및 밀도와 관련되어 있었고 그것은 다시 섬의 면적, 분열, 고립성, 그리고 먹거리를 구하거나 식량생산을 강화할 수 있는 기회 등에 차이가 있었기 때문이다.

 여기서 인구 밀도의 뜻을 알았고 농작을 할 수 있는 환경이 되지 않아서 다시 수렵채집민이 된다는 것을 알게 되었다. 하지만 규모가 크고 밀도가 높을수록 기술과 조직이 왜 복잡해지는지 참 궁금하다.

『총, 균, 쇠』 3장

아타우알파와 피사로 사건

(2019. 3. 25.)

1532년 11월 16일 스페인의 피사로 대장은 200~300명의 군사들을 데리고 페루의 고지대에 도착해 있었다. 피사로는 우선 정보를 얻기 위해 카하마르카에서 온 인디언들을 고문하였다.

잉카의 황제 아타우알파가 카하마르카에서 피사로 대장을 기다리고 있다는 정보를 손에 넣고, 황제를 이곳으로 오라고 전했다. 그리고 피사로 대장은 카하마르카의 광장 주변에 병력을 매복시켰다. 정오 무렵이 되자 아타우알파가 신하들을 정렬시켜 다가오기 시작했다. 엄청나게 화려한 행렬이었다. 4만의 병력이 아타우알파의 좌측과 우측에서 들판을 따라 행진했고 맨 앞에는 2,000명의 인디언이 체스판처럼 두 색깔로 된 옷을 입고 앞장서서 길바닥을 쓸었고 그 뒤에는 각기 다른 옷을 입은 세 무리가 춤을 추고 노래를 불렀다.

피사로 대장은 비센테 데 발베르데 수사를 아타우알파 황제에게 보내어 스페인 국왕 전하를 받들 것을 요구하게 했다. 수사는 성경과 십자가를 들고 나가 "나는 하느님의 사제로서 기독교인들에게 하느님의 일들을 가르치나니 그대를 또한 가르치러 왔소."라고 말하자 아타우알파 황제는 성경을 보여주길 원했다. 그러나 아타우알파는 성경책을 받아서 좀 보다가 집어던졌다. 그러자 대장은 칸디아에게 신호를 보냈고 칸디아는 총을 쏘기 시작했다. 광장에 모여 있던 무장하지 않은 인디언들을 덮쳐 아타우알파를 사로잡았다. 피사로 대장은 왕에게 "그대가 패하여 포로가 된 것을 모욕으로 생각하지 마시오."라고 말했다. 피사로 군대는 쇠칼을 비롯한 무기들, 갑옷, 총, 말 따위로 싸웠지만, 아타우알파의 군대는 겨우 돌, 청동기, 나무곤봉, 갈고리 막대, 손도끼, 그리고 물매와 헝겊으로 된 갑옷을 입고 맞설 수밖에 없었다. 1492년 스페인인이 잉카족을 처음 정복할 때만 하더라도 총의 활용은 미미한 수준이었다. 그 당시에 쓰이던 화승총은 장전하거나 쏘는 일이 까다로웠으며 피사로에게도 여남은 자루밖에 없었지만, 그럭저럭 발사할 수만 있었어도 심리적인 효과는 충분했다.

아타우알파는 어쩌다가 카하마르카로 오게 되었을까? 아타우알파의 군대는 잉카족을 분열시키고 약화시킨 결정적인 내전에서 막 승리를 거두었기 때문에 그 당시 카하마르카에 있었던 것이다. 피사로 대장은 그러한 분열의 이용 가치를 재빨리 파악하고 십분 활용했다. 신세계 사람들이 구세계를 점령할 수도 있었지만, 아니 아타우알파에게는 4만의 병력이 있었지만 오합지졸의 200~300명의 스페인 군대를 이기지 못했다. 그에게는 해양기술이나 무기가 없었기 때문이다. 스페인인들이 페루에 올 수 있었던 또 한 가지 요인은 문자였다. 편지나 소책자 등은 신세계로 가고자 하는 동기뿐만 아니라 항해에 필요한 상세한 지식도 제공했다.

아타우알파는 왜 함정 속으로 걸어 들어갔을까? 직접적인 요인은 아타우알파가 스페인인이나 그들의 군사력 또는 의도에 대한 정보를 거의 갖지 못했다는 점이었다.

이번에 아타우알파와 피사로 사건을 자세히 알게 되었고, 피사로가 총기, 쇠 무기, 말 등을 중심으로 한 군사 기술과 유라시아 고유의 전염병 그리고 유럽의 해양기술, 정치 조직, 문자 등으로 이길 수 있었다는 사실을 알게 되었다.

『총, 균, 쇠』 4장

식량 생산의 기원

(2019. 4. 8.)

이 책의 저자 재레드 다이아몬드는 1956년, 몬테나 주에서 프레드 허시라는 나이 많은 농부의 농장에서 일하며 10대의 여름을 보냈다. 일꾼들 중에는 레비라는 인디언이 있었는데 그는 예절 바르고 상냥했다. 그런데 어느 날 레비가 술을 마시고 들어오면서 "지옥에나 가라, 프레드 허시. 그리고 스위스에서 너를 태우고 왔던 그 배도 지옥에나 떨어져라!"라고 말했던 게 기억에 남았다고 한다.

이 글에서 나는 농장 주인이 스위스에서 이주해 온 사람이며 일꾼 레비는 몬테나의 원주민으로 파악하였다. 이주해 온 사람이 그 땅의 주인인 원주민을 부린다는 사실이 마음 아팠다.

 식량 생산은 총기, 병원균, 쇠가 발전하는 데 필요한 선행 조건이다. 식량 생산 사이에 존재하는 주요 연관성들부터 더듬어보면, 첫 번째 연관성은 가장 쉽게 생각할 수 있는 것으로 소비할 수 있는 열량이 많다면 그만큼 인구수도 증가한다는 사실이다. 예를 들면 동일한 면적의 땅에 의존하여 먹고살 수 있는 사람의 수는 수렵채집민보다 목축민이나 농경민이 훨씬 더 많다. 가축을 소유한 인간 사회의 경우 가축이 인간에게 먹거리를 제공하는 데는 네 가지 방식이 있다. 고기, 젖, 비료를 주고 쟁기를 끄는 것이다.
 수렵채집민의 어머니가 야영지를 옮길 때는 몇 가지 소지품과 함께 단 한 명의 아이만을 옮길 수 있을 뿐이다. 그래서 수렵채집민 사회는 비교적

평등한 사회이며 전업 관료나 세습적인 추장이 없고 무리 또는 부족 수준의 소규모 정치 조직이 있을 뿐이다. 반면에 농경민의 사회에서는 정치적 엘리트 계급은 남들이 생산한 식량을 통제하고 조세 징수권을 주장하지만, 스스로 먹거리를 장만해야 하는 문제에서 벗어나 오직 정치적 활동에만 전념할 수 있게 된다.

가축을 소유한 인간사회에서는 가축화된 일부 동물인 양, 염소, 라마, 알파카 등에서 털과 누에의 명주실 그리고 동물성 섬유를 얻었다. 가축화된 대형 포유류는 19세기에 철도가 개발될 때까지 육상 운송의 주요 수단으로 이용됨으로써 인간 사회를 더욱 혁신시켰다. 정복 전쟁에서 말 못지않게 중요했던 것은 가축화된 동물과 더불어 인간 사회에서 진화한 병원균이었다. 간단히 말해서 동식물의 가축화와 작물화는 곧 훨씬 더 많은 식량과 조밀한 인구를 의미한다.

식량 생산은 총기, 병원균, 쇠가 발전하는 데 필요한 선행 조건이었다는 것을 알게 되었다. 그리고 정착하는 사람들이 더 많은 아이와 식량을 얻어 계급이 생기고 정치에 집중할 수 있게 되었다는 것도 알게 되었다.

『총, 균, 쇠』 5장

인류 역사가 갈라놓은 유산자와 무산자

(2019. 4. 15.)

인류 역사는 대부분 유산자와 무산자 사이에 불평등한 갈등 관계로 이루어져 왔다. 오늘날 가장 풍요로운 곳이 되었을 만큼 농업이나 목축에 생태학적으로 매우 적합한 지역인데도 근대에 이르기까지 식량 생산이 시작되지 않은 지역이 있었다.

식량 생산이 시작된 방식의 지리적 차이도 알쏭달쏭하다. 몇 군데에서는 그 지역 사람들이 직접 그 지역의 동식물을 가축화, 작물화함으로써 독립적으로 식량 생산이 발전했다. 그러나 대부분의 지역은 식량 생산 방법을 수입하였다. 식량 생산이 시작된 시기가 지역에 따라 크게 달랐던 이유는 어디에 있었을까? 가장 확실한 증거는 유적지에서 동식물의 잔해를 확인하는 것이다.

 탄소14와 탄소12의 비율을 보고 계산하여 측정하는 것을 방사성 탄소 연대 측정법이라 한다. 측정된 방사성 탄소 연대를 '보정'하면 대기 중의 탄소 비율에서 생기는 변동을 감안할 수 있다. 고고학자들은 흔히 보정 연대는 대문자로, 비보정 연대는 소문자로 써서 두 가지를 구별하기도 한다. 동물이나 식물이 실제로 유적지의 주변에서 가축화 작물화되었는지 아니면 다른 곳에서 가축화 작물화된 것을 그 유적지까지 전파하였는지의 판단은 이렇다.

 첫 번째 방법은 그 농작물이나 동물의 야생 조상의 지리적 분포도를 검토하는 방법이고, 두 번째 방법은 각 지역에서 가축화 작물화된 형태가 처음 나타나는 연대를 지도에 표시해 보는 것이다. 그러나 동일한 동식물이 몇 장소에서 독립적으로 가축화 작물화된 경우에는 상황이 복잡해질 때가 많다. 독립적으로 식량 생산을 시작한 것으로 보이는 아홉 후보 지역 중에서 서남아시아는 식물의 작물화와 동물의 가축화의 확실한 연대가 두 가지 다 제일 오래되었다. 이집트와 똑 같은 형태는 에티오피아에도 적용되어 거기서도 밀과 보리를 비롯한 서남아시아산 농작물들이 오랫동안 재배되었다.

방사성 탄소 연대를 탄소14와 탄소12를 이용하여 측정한다는 것을 알았다. 그리고 서남아시아, 중국, 중앙아메리카, 아마존강 유역이 가축화 작물화된 동물이나 식물을 수입하지 않고 독립적으로 가축화 작물화하였다는 것을 알게 되었다.

— 『총, 균, 쇠』 6장

식량 생산민과 수렵채집민의 경쟁력의 차이

(2019. 5. 13.)

지상의 모든 사람이 수렵채집민이었을 때가 있었다. 그런데 왜 식량 생산을 시작하게 되었을까? 고고학자들이 밝혀낸 바에 따르면 많은 지역에서 최초의 농경민들이 수렵채집민을 밀어내고 정복했지만, 그들은 수렵채집민보다 체격도 작고 영양 상태도 좋지 않았으며, 심각한 질병을 더 많이 앓았고 평균적으로 더 젊은 나이에 죽었다. 어째서일까?

사실 식량 생산은 발견된 것도 발명된 것도 아니었다. 그들은 농경을 본 적이 없었고 그것이

어떤 것인지도 몰랐기 때문이다. 식량 생산은 결과를 짐작하지 못하고 내린 여러 결론들의 한 부산물로서 진화한 것이다.

또 유량형의 채집민과 정주형의 식량 생산자가 명확히 구별되지는 않았다. 왜냐하면 이동 생활을 하는 식량 생산자 집단도 있기 때문이다.

오스트레일리아 원주민들도 비록 참마나 종자식물을 재배하는 단계에까지 이르지는 못했지만, 농경의 몇 가지 요소를 활용할 줄은 알았다. 식량 생산은 그와 같이 수렵채집민들이 이미 실행하고 있던 전 단계부터 서서히 발전해왔다.

각 대륙에서 최초의 농경민은 근처에서 다른 농경민을 관찰할 수 없었으므로 의식적으로 농경을 선택하지는 못했을 것이라고 앞에서 말했다. 수렵채집민에서 식량 생산민으로 넘어온 주요 요인은 대략 네 가지가 있는데, 한 가지 요인은 야생 먹거리가 감소한 것이다.

두 번째 요인은 야생동물이 감소하면서 작물화할 수 있는 야생 식물의 증가로 식물의 작물화에 따르는 보상이 많아졌다는 점이다.

세 번째 요인은 야생 먹거리를 채집하거나 가공, 저장하는 등 식량 생산에 필요한 각종 기술의 계속된 발전이었다.

네 번째는 인구 밀도의 증가와 식량 생산의 발원 사이에 존재하는 상호적 관계였다. 이것은 수렵채집민과 식량 생산자들의 지리적 영역을 결정짓는 데 중요한 역할을 했다.

이상 네 가지 요인을 종합해 보면 비옥한 초승달 지대에서 식량 생산이 어째서 B.C. 18500년이나 B.C. 28500년이 아니라 B.C. 8500년경에 시작되었는지를 이해할 수 있다.

식량 생산이 발견된 것도 아니고 발명한 것도 아니라는 것과 식량 생산은 한 부산물로서 진화되었다는 것을 알았다. 그리고 B.C. 28500년부터 B.C. 18500년까지는 야생동물의 번성기였고, B.C. 8500년에는 야생동물이 감소하여 야생식물이 풍성하게 되었다는 것을 알게 되었다.

『총, 균, 쇠』 7장

야생 먹거리의 작물화 과정·1

(2019. 7. 15.)

초기 농경민들은 식물을 무의식적으로 작물화하기 시작했다고 한다. 작물화는 야생식물의 여러 개체 중에서 선택된 것이다. 밭에서 재배되는 식물 개체 사이의 경쟁 상태에서 우세한 쪽이 진화가 이루어졌다. 그리고 작물화할 때 선택 조건들은 크기, 맛, 과육의 향 등이었다. 처음에는 가장 잘 알려진 변종을 재배하다가 그 종자를 뿌렸을 때 약간 더 나은 변종이 나타나면 다시 그것을 선택하는 식으로 되풀이했다.

주요 농작물의 개발순서는 대략 4단계가 있는데 1단계는 밀, 보리, 완두콩이 자화수분으로 번식했다. 자화수분은 다른 변종과 교배할 필요가 없다. 2단계는 석류나 포도나무 가지를 땅에 직접 꺾꽂이했다. 3단계는 사과, 배, 서양자두인데 이들은 접목법을 이용했다. 접목법은 중국에서 개발되었다. 4단계는 호밀, 귀리, 순무, 무, 비트, 양상추인데 이것은 농작물을 재배하는 밭에서 자라는 잡초에서 출발한 농작물이다.

농업방식 중에는 살포식, 단일경작지, 쟁기질이 있는데 살포식 방식은 씨앗을 한 주먹씩 한꺼번에 뿌리는 것이다. 단일경작지는 씨앗을 한 톨씩 심는다. 쟁기질은 소, 말 등 대형 포유류를 가축화하여 쟁기를 끌게 하여 동물의 힘으로 밭을 간다.

야생식물이 농작물로 진화하게 된 과정은 처음에는 무의식적인 과정이었다. 우리가 야생식물의 여러 개체 중에서 선택을 했기 때문에, 또 밭에서 재배되는 식물 개체 사이의 경쟁 상태에서는 또 다른 개체들에게 유리했기 때문에 진화가 이루어졌다. 그런데 떡갈나무는 아직도 작물화하지 못하고 야생식물로 남아있는 실패한 작물이다.

 총균쇠 7장을 읽으면서 야생 먹거리를 작물화하기까지의 과정에 대해 자세히 알게 되었다. 그리고 농업방식에는 살포식 방식과 단일경작지와 쟁기질이 있다는 것도 알게 되었다.

『총, 균, 쇠』 7장

야생 먹거리의 작물화 과정·2

(2019. 6. 14.)

　모든 농작물은 야생 식물 종에서 생겨났다. 그렇다면 야생 식물들은 어떻게 농작물이 되었을까. 식물의 작물화란 곧 어떤 식물을 재배함으로써 의식적으로든 무의식적으로든 인간 소비자에게 더 유용하도록 야생 조상을 유전적으로 변화시키는 일이라고 정의할 수 있다. 식물도 자손이 잘 자라서 부모의 유전자를 전해야 하므로 식물은 동물들이 자기 씨앗을 운반하도록 만들었다.

　우리는 작물화할 만한 가치가 있는 것인지를

힘들게 결정한다. 그 결정의 한 가지 조건은 크기이다. 누구나 큰 딸기를 바라기 때문이다. 다른 식물들의 크기 차이는 농업의 시초까지 거슬러 올라간다. 또 맛으로도 결정한다. 쓴 아몬드가 돌연변이로 새로운 열매를 맺었다. 그것을 본 아이들이 배고픔 또는 호기심으로 먹어보면서 결국 아몬드의 새로운 맛을 발견하게 되었을 것이다.

  그러나 열매를 따는 사람들이 눈으로 확인하고도 선택하지 못했던 변화 중 첫 번째는 종자를 퍼뜨리기 위한 그것들만의 야생 상태에서의 기법에 영향을 미쳤다. 두 번째는 고대의 등산객들에게 더욱더 눈에 띄지 않는 것이었다. 혼자서 생식하는 식물의 경우에는 돌연변이도 자동적으로 보존된다. 무성생식을 하는 식물이나 자화수분을 하는 자웅동주 식물이 그렇다. 식물마다 작물화의 난이도가 크게 달랐던 것, 떡갈나무는 느린 성장 속도 때문에 아직도 작물화하지 못하고 있다.

총균쇠 7장을 읽으면서 자웅동주와 무성생식, 자화수분의 뜻을 알게 되었고 어떻게 식물이 작물화하게 되었는지를 알게 되었다.

『총, 균, 쇠』 9장

선택된 가축화
'안나 카레니나의 법칙'·1

(2019. 8. 5.)

톨스토이의 위대한 소설 『안나 카레니나』에 나오는 유명한 첫 문장, "행복한 가정은 모두 엇비슷하고 불행한 가정은 불행한 이유가 제각기 다르다." 이 법칙을 동물의 가축화에 적용해 보면 가축화할 수 있는 동물은 모두 엇비슷하고 가축화할 수 없는 동물은 그 이유가 제각기 다르다. 대형 포유류가 담당했던 여러 가지 결정적인 역할들 중에는 고기, 유제품, 비료, 육상 운송, 가죽, 군대의 탈것, 쟁기를 끄는 힘, 털, 그리고 병원균 등을 제공했다.

20세기 이전에 가축화된 체중 45kg 이상의 대형 종은 모두 14종에 불과했다고 한다. 그중에서 전 세계에 두루 퍼져 중요한 가축이 된 것은 5종, 즉 소, 양, 염소, 돼지, 말이다. 가축화된 동물이란 인간이 번식과 먹이 공급을 통제하는 동물이다. 통제한다는 것은 감금 상태에서 인간의 용도에 맞도록 선택적으로 번식시킨 동물이다. 그러나 가축화되지 못한 한니발의 아프리카코끼리는 생포하여 길들였을 뿐 가축화하지는 못했다고 한다.

진정한 가축은 그 야생 조상과 다르다. 차이점은 두 가지 과정을 통해 만들어진다. 첫 번째는 동일한 종의 동물 중에서도 다른 개체보다 인간에게 더 유용한 개체를 선택하는 인위적 선택이 있고, 두 번째는 인위적인 환경은 야생 환경과 판이하게 다르므로 자연선택의 효력도 다르게 작용하여 이에 대해 동물들이 자동적으로 나타내는 진화적 반응이 있어야 한다.

고대 14종의 야생 조상들은 유라시아에 몰려 있고, 다른 곳에는 고르게 분포되어 있지 않았다. 그러한 사실은 유라시아 사람들이 총기, 병원균, 쇠를 갖게 된 중요한 한 가지 요인이기도 하다. 고대 14종이 유라시아에 집중된 이유는 유라시아에는 가축화된 종의 조상이든 아니든 간에 대형 야생 육서 포유류의 종수가 가장 많았다. 그것은 유라시아가 세계에서 가장 넓은 땅덩어리이기 때문이다. 아프리카와 오스트레일리아는 거의 멸종하고 말았다.

대형 초식 포유류의 주요 5종에 양, 염소, 소, 돼지, 말이 있다는 것을 알게 되었다. 그리고 한니발의 코끼리는 길들여진 동물이지 가축화된 것은 아니라는 것을 알게 되었다. 지금까지 나는 가축화된 동물이나 길들여진 동물이 같은 가축에 속하는 줄 알았는데 그것이 아니었다. 그리고 진정한 가축은 그들의 본 조상과는 다르다는 것도 알게 되면서 개의 조상이 늑대라는 것을 생각하니 이해가 되었다.

『총, 균, 쇠』9장

선택된 가축화
'안나 카레니나의 법칙'·2

(2019. 8. 12.)

  가축화가 될 만한 후보종들 가운데는 개별적인 단점 때문에 끝내 가축화되지 못한 동물이 있다. 최소한 4,500년 전에 이미 가축화된 고대 14종 이외는 토착 목축민도, 현대의 유전학자들도 가축으로 만드는 일에 성공하지 못했다.

  148종의 대형 야생 초식성 육서 포유류 중에서 14종만이 시험을 통과했다. 가축화되지 못한 나머지 야생종의 단점 중 첫 번째는 식성이다. 그다음은 성장 속도이다. 이는 다 자랄 때까지 시간이 너무 오래 걸리기 때문이다. 감금 상태에서 번식시키는 문제도 있다. 그 외에도 성격, 겁

먹는 버릇, 사회적 구조 때문이었다. 사회적인 동물은 목축에 적합하지만 독신 동물들은 대부분 가축화가 불가능하다.

유라시아가 다른 대륙보다 가축화할 만한 대형 야생 초식성 포유류가 더 많았던 까닭은 넓은 면적과 생태학적 다양성에 걸맞게 처음부터 후보종 수가 가장 많았고, 홍적세 말기에 닥친 엄청난 멸종의 파도 속에서 오스트레일리아와 남북아메리카에 비해 가축화에 적합한 살아남은 동물들의 비율이 높았기 때문이다.

가축화에 실패하는 원인들을 알게 되었다. 그리고 무리를 이루어 사는 사회적인 동물은 목축에 적합하지만 세력권을 갖고 혼자 살아가는 독신 동물들은 가축화가 대부분 불가능하다는 것도 알게 되었다.

『총, 균, 쇠』 10장

대륙의 축으로 돈 역사의 수레바퀴

(2019. 7. 29.)

 유라시아는 동서축이고 아프리카와 남북아메리카는 남북축이다. 이러한 축을 따라서 인류 문명이 발전되었다. 식량 생산은 주로 서남아시아에서 유럽, 에티오피아, 중앙아시아로 전파되었고 또 사헬 지대와 서아프리카에서 동남아프리카로 전파되었다. 식량 생산이 가장 빠르게 전파된 경우는 동서축 방향이다. 그리고 식량 생산이 가장 느리게 전파되었던 것은 남북축 방향이다.

 서남아시아에서 바깥 지역으로 전파되기 쉬웠기 때문에 서남아시아에서는 작물화가 거의 1회로 끝났고 남북아메리카에서는 어려움이 있어 흔히 여러 번 이루어졌다. 서유럽 전역에서 식량 생산을 촉발시킨 농작물들이 모두 똑같은 이유는 첫째 비옥한 초승달 지대의 창시 작물 중에는 서남아시아 바깥에서 자생하지 않은 것들이 많았기 때문이다. 둘째, 유럽과 인도의 농작물들은 대개 그 지역의 토종 식물을 작물화한 것이 아니라 서남아시아로부터 받아들였음이 확실하다.

동서축은 질병, 기온과 강수량의 추이, 생식지나 생물군계 등이 서로 비슷하여 전파속도가 빨라졌다. 하지만 남북축에서는 기온, 질병, 강수량 이런 것들이 대개 달라서 제대로 자라지 못하였다. 아프리카의 남북축의 예를 들면 에티오피아와 남아공은 환경이 비슷해 남아공까지 전파될 수 있었지만, 그 사이의 적도를 지나야 했기 때문에 빠르게 전파되지는 못했다. 축의 방향은 식량 생산의 확산뿐만 아니라 기타 기술이나 발명품의 확산에도 영향을 미쳤다.

 총균쇠 10장을 읽으면서 '대륙의 축'이라는 새로운 단어를 알게 되었다. 그리고 남북축, 동서축은 작물화 등을 전파하는 데 축의 방향에 따라 전파속도가 다르다는 것과 전파속도가 왜 다른지도 이해하게 되었다.

『총, 균, 쇠』 11장

생명을 가진 세균

(2019. 9. 토)

동물에게서 비롯된 인간의 질병은 진화하여 인류 근대사에서 주요 사망원인이 되었다. 질병에서 비롯되는 증상들은 인간의 몸에 세균이 잘 전파되도록 개조시키는 과정이라 한다. 어떤 세균은 다음 피해자에게 전해질 때까지 가만히 앉아서 기다린다. 또 다른 세균들은 곤충의 힘을 통해 옮겨 간다. 또 다른 세균들은 직접 전달을 가속화하기 위해 숙주의 신체나 습관을 바꾸어 버린다.

세균들에게도 행운이 있었다. 하나는 도시의 조밀한 인구이고 또 하나는 세계 교역로의 발달이었다. 인간의 질병을 일으키는 많은 세균들은 가축, 애완동물로부터 왔다. 그 다음은 원래 동물들의 병원체였던 세균이 진화하여 유행병을 일으켰다. 유럽의 총칼에 목숨을 잃은 아메리카 원주민보다 유럽의 병원균에 의해 목숨을 잃은 원주민 수가 훨씬 많았다는 말에 놀라웠다. 콜럼버스가 도착한 이후 인디언의 인구는 최대 95% 감소했을 것으로 추정된다. 그러나 남북아메리카에서 유럽으로 건너간 질병은 없었다. 남북아메리카에서 조밀한 인구집단이 발생한 시기가 구세계보다 늦었고, 교역을 통해 세균번식장으로 연결되지 못했기 때문이다.

예전에는 세균이 그저 인간을 위협하는 존재라고 생각했다. 하지만 이 글을 읽고 세균의 입장에서 생각해보니까 세균도 생명체이기 때문에 계속해서 생각하고 진화해가고 있는 것 같다.

나는 세균을 직접 본 적이 없다. 하지만 사진과 캐릭터에서 세균을 보면서 세균의 모양과 색이 다양하다는 것을 알게 되었다. 어떤 것은 성게 모양이고, 어떤 것은 애벌레 모양, 또 다른 것은 도깨비의 모양을 하고 있는 것을 보았다. 세균은 생명력이 강하고 살아남기 위해서 수단과 방법을 가리지 않는 존재라는 것을 알게 되었다. 세균의 입장에서 세균을 더 이해하게 되었다.

『총, 균, 쇠』 11장

가축의 치명적 대가, 세균이 준 사악한 선물·1

(2019. 9. 2.)

 동물에게서 비롯된 인간의 질병은 대개는 귀찮은 정도에 지나지 않지만, 몇 가지 질병은 진화해서 인류의 근대사에 주요한 사망원인이 되었다. 천연두, 인플루엔자와 같은 여러 질병도 진화했다. 제2차세계대전에 사망한 사람들 가운데는 전투 중 부상으로 죽은 사람보다 전쟁에서 발생한 세균에 희생된 사람이 더 많았다고 한다.

 세균은 무엇 때문에 우리를 죽일 수 있도록 진화했을까. 인간의 질병에서 비롯되는 '증상'들은 세균이 인간의 몸이나 행동을 통해 세균이 잘 전파되도록 개조시키는 과정이라 할 수 있다. 세균들도 많이 전파하기 위해서 지혜를 짜낸다.

　어떤 세균들은 다음 피해자에게 전해질 때까지 힘들이지 않고 앉아서 기다린다. 또 다른 세균들은 곤충들이 그 숙주를 물고 나서 새로운 숙주에게 날아갈 때 그 곤충의 침을 통해 옮겨간다. 다른 세균들은 자기들이 직접 전달을 가속화하기 위해 숙주의 신체나 습관을 바꾸어버린다. 인플루엔자, 백일해 등의 세균은 피해자가 기침이나 재채기를 하도록 유도하여 새 숙주들을 향해 뿜어 나간다. 병원균이 자기 숙주를 죽이는 것은 세균을 효과적으로 퍼뜨리기 위해 숙주에게 일으킨 여러 증상들의 뜻하지 않은 부작용이라고 한다.

　감염에 대한 우리 몸의 일반적인 반응은 첫째, 열을 내는 것이다. 그래서 우리 몸보다 열에 예민한 것들은 먼저 죽는다.

또 하나의 일반적인 반응은 면역 체계를 가동시키는 것이다. 어떤 세균은 항체가 인식하는 세균의 분자 구조를 변화시키는 속임수를 쓴다. 인간의 가장 느린 방어 반응은 자연선택에 의한 반응이다. 이것은 한 세대에서 다음 세대로 넘어갈 때 인간의 유전자 빈도를 변화시킨다. 유행병의 경우에는 오랫동안 환자가 없다가 한꺼번에 많은 환자들이 나타나고 다시 환자가 없는 기간이 이어진다.

유행병으로 찾아오는 전염병들은 감염된 환자 한 사람으로부터 그 부근의 건강한 사람들에게로 비교적 신속하게 효율적으로 전파되어서 단기간에 전체 인구가 질병에 노출된다. 그리고 '급성병'이므로 단기간에 죽거나 완치된다. 또 운 좋게 회복되는 사람들에게는 항체가 형성되어 면역성이 생기므로 그때부터 오랫동안, 그 질병이 재발하지 않는다. 이런 질병들을 '대중성 질병'이라 한다.

  소규모 무리 사회에서는 대중성 질병이 존속할 수 없었다. 소규모 인구 집단에도 전염병은 있지만 특정한 유형의 나병 같은 만성 질환이다. 그리고 소규모 집단은 치명적이지는 않지만 면역성을 가질 수 없는 각종 감염증에 대해서도 취약하다. 그와 대조적으로 대중성 질병들은 반드시 대규모의 조밀한 인구 집단이 형성되어 있어야만 발생할 수 있다.

  '대중성 질병'이라는 단어를 처음 알게 되었다. 그리고, 세균들이 종족을 퍼트리는 과정에서 실수하는 일도 있다고 표현한 말이 재미있었고 그 실수 때문에 자기 숙주를 죽인다는 것이다. 그리고 세균들도 종족을 많이 전파하기 위해 지혜를 짜낸다는 말과 세균도 세균의 분자 구조를 변화시키는 속임수를 쓴다는 말이 재미있었다. 총균쇠 11장은 세균이라는 생명체의 입장에서 세균을 대변해 주는 글로 세균에 대한 이해를 하게 되었다. 그리고 질병 예방에도 도움이 될 거라는 생각을 하게 되었다.

『총,균,쇠』 11장

가축의 치명적 대가, 세균이 준 사악한 선물·2

(2019. 9. 9.)

세균들에게도 행운이 있다. 하나는 도시의 발생이다. 전보다 더욱 조밀해진 도시의 인구가 열악한 위생 환경을 만들었기 때문이다. 또 하나의 행운은 세계 교역로의 발달이다. 이 세계 교역로는 하나의 거대한 세균 번식장이 되었다. 즉 인구가 많아지고 집중되면서 인류에게 국한된 대중성 질병을 진화시키고 존속시킬 수 있는 행운이 세균들에게 찾아왔다.

인간에 질병을 일으키는 많은 세균들은 그들 각 세균의 가장 가까운 친척들인 각종 가축이나 애완동물에 국한되어 있었다. 우리가 소나 돼지

같은 사회적 동물을 가축화시켰을 때 이 동물들은 유행병에 걸려 있었는데 그 세균이 인간에게로 옮겨 왔다.

동물의 질병이 인간의 질병으로 진화하는 데는 이따금씩 애완동물이나 가축에게서 직접 전염되는 수십 가지 질병에서 발견된다. 그다음은 원래 동물들의 병원체였던 세균이 진화하여 사람들 사이에서도 직접 전염되어 유행병을 일으킬 수 있다. 다음은 원래 동물 병원체에서 인간에게로 자리 잡는데, 그것이 인간의 주요 전염병이 될 수도 있고 안 될 수도 있는 경우다.

아메리카 원주민들은 유럽의 총칼에 목숨을 잃은 숫자보다 유럽의 병원균에 목숨을 잃은 수가 훨씬 많았다. 미국 학교에서는 어린이에게 인디언들이 100만 명이었다고 가르쳤지만, 미국을 처음 밟은 유럽인 탐험가들은 인디언들이 처음에는 약 2,000만 명에 달했다는 것이다. 콜럼버스가 도착한 이후 인디언의 인구는 최대 95%가 감소했을 것으로 추정한다. 인디언들이 죽은 주된 요인은 구세계의 병원균 때문이다.

남북아메리카에서 유럽으로 건너간 질병은 별로 없다. 남북아메리카의 조밀한 인구 집단이 발생한 시기가 구세계보다 늦었고, 교역을 통한 세균 번식장으로 연결되지 못했기 때문이다. 만약 유럽이 진화된 각종 병원균이라는 이 사악한 선물을 주지 않았다면 그토록 많은 아메리카 원주민들이 교체되는 일은 일어나지 않았을 것이다.

총균쇠 11장을 읽고 질병은 동물에게서 옮겨와 진화된 것임을 알았다. 가축화로 인해 얻은 동물의 세균이 진화하여 인류에게 질병을 가져오게 되었다는 것과 도시의 조밀한 인구와 세계 교역로가 세균의 번식장이 되어 인간의 고통과는 달리 세균에게는 행운이 되었다는 사실이 흥미로웠다. 그리고 조밀한 인구 집단이 발생하기 시작하는 시기가 구세계보다 신세계가 늦었기 때문에 남북아메리카에서 유럽으로 건너간 질병은 별로 없다는 것도 알게 되었다.

『총, 균, 쇠』 12장

식량 생산 창시와 문자 고안과의 밀접한 연관

(2019. 9. 20.)

　식량 생산과 그것을 습득한 후 수천 년에 걸친 인류 사회의 발전은 인간의 유행병을 일으키는 세균의 진화에 필수적이었던 것처럼 문자의 진화에도 필수적이었다. 문자는 비옥한 초승달 지대와 멕시코, 중국 등지에서만 독립적으로 발생했다. 그것은 바로 이들 지역이 동서 각 반구에서 최초로 식량 생산을 시작한 지역이었기 때문이다. 문자 없는 사회들은 수메르, 멕시코, 중국에 비하여 식량 생산이 늦어진 사회였다.

　문자는 근대화된 사회에 힘을 가져다주었다. 문자가 있으면 훨씬 더 정확하고 자세하고 풍부

한 지식을 전달할 수 있기 때문이다. 근대에 와서 문자는 무기, 세균, 중앙 집권적 정치 조직 등과 나란히 행진하면서 정복을 도왔다.

 문자 체계는 하나의 기호로 나타내는 화소의 크기에 따라 세 가지 방식으로 구분된다. 첫째는 음소인데 이것은 기호 하나가 그 언어의 기본적인 소리를 나타내는 것이다. 두 번째는 어표를 이용하는데 이는 기호 하나가 낱말 하나를 나타낸다. 셋째는 각각의 음절에 대하여 하나의 기호를 사용하는 것이다. 그림 기호들은 주로 눈에 보이는 사물을 나타내는 명사나 숫자였는데 이 같은 기호들의 형태는 차츰 추상적으로 변해갔다. 문자의 역사를 통틀어 가장 중요한 진전을 보인 하나를 고른다면 그것은 아마도 수메르인들이 음성 표기법을 도입한 일이라 할 수 있다.

 문자 체계를 완전히 새로 만들어내는 일은 다른 문자를 빌려다가 고쳐 사용하는 것과는 비교도 할 수 없을 만큼 어려운 일이다. 독립적으로 만들어진 문자 중에서 발달 과정을 가장 자세히 살펴볼 수 있는 문자는 수메르인의 설형문자다. 이 문자는 수천 년 전부터 비옥한 초승달 지대의 일부 농경 마을에서 양의 수나 곡물의 분량을 기록하는 등 회계 목적으로 단순한 모양의 점토 신표를 이용했다. 그리고 B.C. 3000년 직전, 몇 세기에 걸쳐 회계 기술, 배열 방식, 기호 등이 발달하면서 곧 최초의 문자 체계가 형성되었다. 독립적으로 문자를 만들어 낸 것이 확실한 민족은 B.C. 600년 이전의 멕시코 인디언들이다. B.C. 3000년경의 이집트 문자와 B.C. 1300년 이전의 중국 문자도 독립적으로 만들어졌을 가능성이 있다.

독립으로 생겨난 문자가 드문 이유는 문자를 새로 만들어내기 어렵고, 수메르 문자나 초기 중앙아메리카 문자와 그 파생 문자들이 다른 지역에서 새로운 문자를 독립적으로 만들어 내기도 전에 문자가 들어갔기 때문이다. 문자의 전파 중에 '청사진 복사'는 문자를 구하여 그대로 복사하거나 변형시켜 사용하는 것이다. 또 '아이디어 확산'이다. 이것은 기본적인 아이디어밖에 얻지 못해 세부적인 내용은 새로 발명해야 하는 것이다.

 문자도 무기와 세균과 함께 정복을 도왔다는 사실을 알게 되었고 문자가 무기 못지않게 강한 힘이 있다는 것을 터득하게 되었다. 그리고 문자의 전파에 있어서 문자를 그대로 차용해서 사용하는 것으로 알았는데 '청사진 복사'와 '아이디어 복사'법이 있다는 것을 알게 되었다. 또 독립적으로 문자를 만들어내지 못한 까닭은 이미 만들어진 문자를 빌려서 사용하다 보니 굳이 독립적으로 만들 필요성을 가지지 못했다는 것이다. 그리고 문자가 식량 생산과 밀접한 관계가 있다는 사실이 흥미롭고 신기했다.

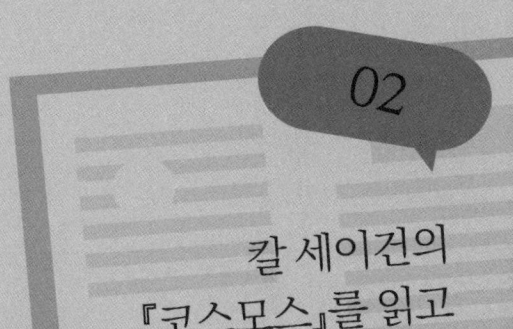

02

칼 세이건의 『코스모스』를 읽고

♥ 중학교에 입학하여
　맨 먼저 읽게 된 『코스모스』

　칼 세이건이 쓴 『코스모스』도 근 이 년 동안 조금씩 선생님의 지도를 받으며 읽었다.

　이 책을 읽으며 우주에 대한 흥미와 신기함을 가지게 되었으나 그때 써놓은 독후감이 사라진 후에야 존재의 소중함을 깨닫게 되었다. 너무 아깝고 허무하기까지 하지만 책을 읽으며 감명받았던 부분이나 소감을 짧은 글과 그림으로나마 표현해 본다.

코스모스의 바닷가에서

앎은 한정되어 있지만 무지에는 끝이 없다. 지성에 관한 한 우리는 설명이 불가능한, 끝없는 무지의 바다 한가운데 떠 있는 작은 섬에 불과하다. 세대가 바뀔 때마다 그 섬을 조금씩이라도 넓혀 나가는 것이 인간의 의무다.

― 토마스 헉슬리, 1887.

코스모스의 바닷가에서

지구는 넓은 바다 가운데 좁은 섬에 불과하다
탐사는 지구를 넘어 우주를 향해 계속된다

칼 세이건의 『코스모스』를 읽고

우주 생명의 푸가

나는 지금까지 지구에 발을 붙이고 살아왔던 모든 유기생물들이 단 하나의 어떤 원시 생물에서 유래했다고 거의 확신한다. 생명의 숨결이 최초로 불어넣어진 그 생물에서 다양한 형태의 모든 생물들이 비롯됐다고…. 그 원시 유기체가 우리 지구에서 이렇게 아름답고 저렇게 놀라운 생물들로 진화할 수 있었으며 그 진화는 지금도 계속되고 있다.

– 찰스 다윈 『종의 기원』, 1859.

우주 생명의 푹가

자연과 인간에 의한 선택이 거대한 진화를 만들었지만
이 생물학도 푹가의 한 성부에 불과할 뿐이다.

칼 세이건의 『코스모스』를 읽고

밤하늘의 등뼈

어떠한 현상의 결과를 신의 탓으로 돌리기만 한다면 그것은 우리 자신의 무지를 신으로 대치하는 것과 무엇이 다르다고 하겠는가?
— 폴 하인리히 디트리히 홀바흐 남작 『자연계』, 1770.

밤하늘의 등대
인류는 이오니아 지역에서부터 관찰과 이성으로
자연의 질서와 우주의 본질을 이해하려고
노력해왔다

칼 세이건의 『코스모스』를 읽고

시간과 공간을 가르는 여행

어려서 죽은 아이보다 더 오래 산 자는 없다. 팽조彭祖(834년을 살았다고 한다)도 젊어서 죽었다. … 하늘과 땅이 내 나이와 같고, 만물이 결국은 하나다.

– 장자, 기원전 3세기 경

시간과 공간을 가르는 여행

공간과 시간은 서로 얽혀 있으며
인간은 빛의 속도와 상대성 이론을 통해
우주를 이해해보려 한다

10

영원의 벼랑 끝

하늘과 땅이 열리기 전, 혼돈에서 태어난 그 무엇이 있었다.

침묵과 공허 안에서 그것은 그것만으로 충만하여 변하지 않았고, 두루 돌기는 하지만 닳아 없어지는 법이 없었다.

그것에서 모든 것이 말미암았으니 그것은 세상의 어머니.

그 이름 내 알 수 없으나 '도道'라 부르겠노라.

'대도大道'라 또 다른 이름으로 불러도 좋으리라.

도는 거대하므로 나를 벗어난다 할 수 있고 나를 벗어난다니 그것은 내게서 멀리 떨어져 자리한다.

또한 멀리 있으니, 그것은 결국 내게 되돌아오리라.

— 노자 『도덕경』, 기원전 600년 경

영원의 벼랑의 끝
빅뱅에서 시작하여 우주의 진화과정을
탐색하며 인간은 차원을 넘어
미지의 우주로 나아갈 준비를 해야한다

03

『이솝우화』를 읽고

나의 은인들

(2023. 11. 13. 월)

〈사슴과 포도나무〉

 사냥꾼에게 쫓기던 사슴이 포도덩굴 속으로 숨었다. 사냥꾼이 사슴을 발견하지 못하고 사슴이 어디로 사라졌는지 몰라 의아해하던 사냥꾼은 갔던 길을 되돌아왔다. 사슴이 덩굴 잎을 따 먹으며 잎이 흔들리는 바람에 결국 사슴은 사냥꾼에게 들켜 잡히고 말았다. 사슴은 자기를 구해준 은인에게 감사의 보답을 하지 않고 포도 덩굴에게 해를 끼치다 잡히고 말았던 것이다.

 나에게도 은인들이 있다. 평가가 이루어지는 필기가 덜 되어있어서 하마터면 감점당할 뻔했지만 어떤 친구가 노트를 빌려줘서 감점은 면할 수 있었다. 초등학교 5학년이 되자마자 『총, 균, 쇠』와 『코스모스』 같은 어려운 책을 매주 조금씩 독서지도를 해주시며 다양한 지식을 맛볼 수 있게 해주신 독서 선생님도 계신다. 그뿐만 아니라 영화도 은인이 되어준 적이 있다. 중1 때 반에 같은 초등학교 친구가 없어서 열심히 친구를 만들어야 했다. 내성적인 내 마음과 달리 억지로 외향적으로 행동했기에 스트레스가 쌓일 수밖에 없었다. 그 스트레스를 푸는 방법을 고민하다가 「귀를 기울이면」이라는 애니메이션 영화를 보게 되었다. 그 영화는 평범한 10대의 고민을 다룬 내용으로, 좋은 작화와 배경음악으로 공감하고 힐링할 수 있게 해주었다. 이후에도 가끔 이 영화를 보며 스트레스를 풀었기에 은인이라고 할 수 있다.

사슴이 생명의 은인에게 보답하지 않고 먹이에만 눈이 어두워 이기적으로 행동한 것을 보면서 은인을 생각하고 그에 보답하는 일이 참 중요하다고 생각했다. 그래서 그 고마움의 보답으로 은인들에게 항상 감사하는 마음을 잊지 않아야겠다. 그리고 내가 나의 은인들의 은인이 되어 보답해야겠다는 다짐도 했다.

계획하며, 준비하며

(2024. 2. 24. 토)

〈개미와 베짱이〉

여름철에 베짱이는 개미에게 나무 그늘에서 노래를 부르며 놀자고 했지만 개미들은 묵묵히 일을 했다. 그리고 한 개미가 이렇게 말했다. "우리는 겨울 양식을 준비해야 해."라고. 겨울이 되어 개미는 모아 놓은 양식 덕분에 걱정 없이 살았다. 베짱이는 배가 고파 개미를 찾아갔다. 그리고 일하지 않고 논 것을 후회했다.

이 이야기는 준비하는 자와 즐기는 자를 빗대어 이야기해 놓았다. 우리가 공부를 하고 있는 것도 준비하는 과정이라고 생각한다. 준비를 잘하는 친구를 보면, 계획을 세우고, 노력하고, 하루를 헛되게 보내지 않는다. 그리고 결국 자신이 원하는 결과를 얻는다. 반면에 즐기는 사람은 그 순간을 그저 즐기기만 할 뿐 계획도 꿈도 없이 닥치는 대로 산다. 그러므로 준비된 자와 즐기는 자는 학생일 경우 성적에서 격차를 보인다. 즐기는 자의 특징을 생각하는 중에 놀랍게도 나의 행동이 베짱이와 닮아있음을 깨달았다. 나도 베짱이처럼 즐기는 생활에서 벗어나 개미처럼 준비하는 자가 되기로 결심했다.

신뢰성에 대하여

(2024. 1. 1. 월)

〈도끼를 주운 친구 이야기〉

 두 사람이 여행을 가고 있었다. 앞에 가던 사람이 도끼를 발견하자 뒤따라오던 사람이 우리가 도끼를 주웠다며 기뻐했다. 그러나 도끼를 주운 사람은 "우리가 아니라 내가 주운 것"이라 했다. 계속 걸어가고 있는데 뒤쪽에서 사람들이 "도끼 도둑 잡아라."며 쫓아왔다. 그래서 두 사람은 도망치다가 강 앞에 다다랐다. 도끼를 주운 사람이 "우리는 끝장이야."라고 말하니 옆에 있던 친구가 "우리가 아니라 네가 끝장나는 것"이라고 말했다. 이 이야기는 두 사람은 도끼 하나 때문에 우리라는 하나의 믿음이 무너져 버렸다고 할 수 있다.

　친구와의 잘못된 관계 하나가 떠올랐다. 초등학교 1학년이었을 때 처음 사귀었던 친구가 있었다. 성격은 나와 정반대였지만 그래서 우리는 더 잘 맞는 친구가 되었다. 몇 번 싸우기도 했지만 쭈욱 친하게 지내다가 6학년 때 내가 "너네 반이 또 혼이 났지?" 하고 지레짐작으로 앞질러 말을 했다. 그러자 그 친구는 "우리 반이 맨날 혼나는 것이 아니다."라고 변명했다. 그 일로 인해 우리는 다투었지만 다시 친해졌다. 그러나 왠지 마음 한 구석에는 예전에 친했던 감정과 다른 텅 빈 마음이 생겼다. 아마도 그 다툼으로 인해서 신뢰성을 잃어버리게 된 것이라 생각한다. 그리고 중2 때는 서로 거의 말을 하지 않았다. 우정이 회복되지 않은 것이다. 친구 사이에서 신뢰성은 정말 중요한 부분이라는 것을 알게 되었다.

간섭받기 싫어서

(2024. 1. 29. 일)

〈게으른 개구리의 최후〉

물웅덩이에서 사는 개구리가 있었다. 하루는 연못에 사는 개구리가 찾아와 같이 연못에서 살자고 몇 번이나 권했다. 그러나 물웅덩이 개구리는 간섭받는 것이 귀찮다며 거절했다. 그리고 얼마 후 물웅덩이에 살던 개구리는 차에 치여 죽고 말았다. 개구리는 간섭받기 싫어 고집을 부리며 혼자 위험한 곳에서 살다가 결국 그런 일을 당한 것이다.

간섭받는 것은 누구나 싫고 귀찮다. 나도 간섭받기 싫어서 방문과 마음의 문을 닫았던 적이 있다. 중학교 1학년 때 일이다. 엄마에게 간섭을 받고 화가 나서 나도 모르게 방문을 쾅 닫고 혼자 지낸 적이 있다. 그런데 방문만 닫은 것이 아니라 마음의 문까지 닫아버렸다. 며칠을 지내면서 오히려 더 우울해진 나는 이래서는 안되겠다는 생각이 들어서 마음을 열기 시작했다. 그랬더니 방문도 저절로 열렸다.

간혹 뉴스에 나오는 범죄 소년들의 이야기를 들어보면 그들은 부모와 한집에 살면서도 한때의 나처럼 마음의 문을 닫고 방문도 닫고 나쁜 생각에만 빠져있다가 결국 나쁜 마음이 몸 밖으로 뛰쳐나와 범죄를 저지르게 된 것이다. 결국은 웅덩이에 사는 개구리의 최후처럼 나쁜 결과를 가지고 오게 된 것이다.

어부지리

(2024. 1. 29. 일)

〈사자와 곰의 싸움〉

아기사슴을 발견한 사자가 아기사슴에게 다가가고 있었다. 그런데 갑자기 큰 곰 한 마리가 나타나 아기사슴에게 쏜살같이 달려들었다. 이 사슴은 내가 먼저 발견했다고 사자가 곰에게 말하자 곰은 먼저 잡는 게 임자라고 했다. 결국 그 둘은 먹이 차지에 죽도록 싸우고 일어날 힘도 잃고 말았다. 그때 여우 한 마리가 나타나 깔깔 웃고는 아기사슴을 데려갔다. 곰과 사자는 싸운 것을 후회했다. 결국은 여우가 어부지리로 사슴을 차지하게 된 것이다.

여우처럼 어부지리를 취한 적이 있다. 초등학교 3학년 때 가족 모두 외식을 하면서 일어났던 일이다. 오빠 셔츠의 윗단추 하나가 풀려 있었는데 아빠가 춥다고 잠그라고 했다. 오빠가 안춥다고 괜찮다고 하자 아빠가 다시 잠그라고 했다.

그렇게 둘이 다투게 됐고 치킨을 사들고 가는데 차 안에서도 계속 다퉜다. 그러자 언니는 이제 그만 좀 싸우라고 했다. 계속 다투자 언니가 울면서 싸우지 말라고 오빠와 아빠에게 화를 냈다. 셋이 다투다가 엄마가 그 셋에게 짜증을 내, 오빠와 아빠의 다툼이 언니와 엄마에게까지 번지게 되었다. 집에 도착해서도 네 사람이 계속 다투는 바람에 사들고 온 치킨을 나 혼자 다 먹어 버렸다.

곰과 사자가 싸우는 동안에 아기사슴을 먹이로 데려간 여우를 보면서 그때 생각이 떠올랐다.

고집 때문에

(2024. 1. 13. 토)

〈잘못된 거래〉

 멧돼지와 말이 한 들에서 살았다. 말은 깨끗한 것을 좋아했지만 멧돼지는 들을 지저분하게 사용했다. 말이 들을 깨끗이 사용하라고 잔소리를 했다. 하지만 멧돼지는 풀을 밟고 물을 흐려놓아도, 풀은 다시 자라고 물도 다시 맑아진다고 맞섰다. 참다못한 말이 사냥꾼을 찾아가 자신이 앞장을 설 테니 멧돼지를 잡아달라 하였다. 그러자 사냥꾼이 말에게 "네가 굴레를 쓰고 내가 타고 나서 멧돼지에게 돌진하면 된다."라고 했다. 그래서 말은 스스로 굴레를 쓰고 사냥꾼과 멧돼지를 잡았으나 사냥꾼은 말을 놓아주지 않았다. 멧돼지와 말이 서로 고집을 부리다가 이런 일이 일어나고 만 것이다.

나와 오빠도 멧돼지와 말처럼 고집을 부리다가 엄마의 개입으로 다툼이 중지되었던 적이 있다.

내가 6살이었을 때, 사촌 언니와 오빠들, 또 우리 언니, 오빠가 모여 사진을 찍고 있었다. 내가 엄지와 검지로 안경 모양을 만들에 눈에 갖다 대며 포즈를 취하고 있었다. 그런데 오빠가 그 포즈를 하지 말라고 했다. 하지만 나는 계속 그 포즈를 취하고 있었고 오빠는 계속 하지 말라고 했다. 둘이 서로 고집을 부리다가 결국 사진을 찍어주던 엄마와 우리 옆에 있던 사촌 언니들이 오빠에게 그냥 냅두라며 오빠를 나무랐다. 내 편을 들어주면서 다툼은 끝났지만 오빠의 행동에서 불만을 터트리는 것을 느낄 수 있었다. 내 편을 들어준 엄마와 언니들이 참 좋았다.

이솝우화의 〈잘못된 거래〉를 읽고 나서 서로 계속 고집만 부리고 싸우다 보면 결국 제3자의 개입으로 싸움은 중단되지만, 문제가 해결되는 것이 아니라 더 꼬일 수도 있다는 생각이 들었다. 어렸을 적의 고집부리던 체험도 결국 제3자의 개입으로 끝이 났지만 오빠와 나의 마음이 편하지는 않았다.

삶의 적응

(2023. 12. 30. 토)

〈부자와 가죽 냄새〉

가죽장이가 부자 영감 옆집으로 이사를 왔다. 가죽 냄새 때문에 부자 영감이 은화 100닢을 조건으로 가죽장이에게 이사갈 것을 제안했다. 그러나 가죽장이는 1,000닢을 바라고 제안을 거절했다. 가죽장이가 다시 생각해보니 은화 100닢이 큰돈이라 거절한 것을 후회하고 얼마 후 부자영감을 찾아갔다. 은화 100닢을 주면 이사 가겠다고 했지만 부자 영감은 이제 가죽 냄새에 적응했으니 괜찮아졌어,라고 말했다. 가죽장이는 큰 욕심을 부린 것에 대해 후회했다.

이 이야기를 읽고 부자 영감처럼 불편한 것에 적응해버린 경험이 떠올랐다. 6살쯤에 이가 빠져서 처음에는 먹기가 불편했으나 시간이 지날수록 점점 적응해서 음식을 먹는 데 불편하지 않았다. 또 초등학교 5학년이었을 때, 처음으로 2층 침대를 쓰게 됐는데 처음에는 떨어질까 봐 불안하고 오르락내리락하는 것도 불편했으나 차츰 적응하게 되어 아무렇지도 않았다.

 적응하며 사는 것과 체념하고 사는 것의 차이점을 생각해보게 되었다. 겉보기에 참고 사는 것은 비슷하지만, 적응은 마음이 긍정적일 때 생겨나고 체념은 관심을 끊어버렸을 때 생겨난다는 것을 깨닫게 되었다.

유인하다

(2023. 12. 11. 월)

〈자고새와 사냥꾼〉

사냥꾼에게 자고새가 잡혔다. 자고새는 살려주면 곁에서 계속 은혜를 갚겠다고 했다. 다른 자고새를 잡도록 유인하겠다는 것이었다. 하지만 사냥꾼은 친구를 팔아넘기는 자고새를 괘씸하게 여겼다. 결국 자고새는 죽게 되었다. 자고새는 저만 살기 위해 다른 자고새들을 유인하여 팔아넘기려고 했으나, 오히려 자신이 죽게 된 것이다.

자고새처럼 친구를 유인해 본 적이 있다. 정말로 맛이 없는 음식을 먹을 때, 맛이 없어서 남길 것 같은 음식인데 맛있는 척하고 친구에게 준적이 있다. 또 지루하고 바쁜 일을 맡아 그 일을 떠넘기기 위해서 이 일이 재밌는 척하며 친구에게 권유해 본 적이 있다. 그와는 반대로 내가 유인당해 본 적도 있다. 유혹에 넘어가서 원가보다 더 비싸게 물건을 샀었고, 또는 인형뽑기 하느라 돈을 많이 날린 적도 있었다. 이런 유인이나 유혹을 당하지 않으려면 평소에 사냥꾼처럼 상대방의 속셈을 알아차릴 수 있는 지혜와 정직함을 쌓아나가야 할 것이다. 상대방이 무엇을 권할 때 권하는 내용을 정확히 알고 내 형편에 맞는지도 판단해보고 받아들여야 한다. 남을 유인하는 것은 어떤 것도 좋은 것이 아니라는 생각이 들었다.

충고에 대하여

(2023. 11. 20. 월)

〈곰의 충고〉

어느 날 친한 두 사람이 숲속 길을 걸어가고 있었다. 그런데 갑자기 곰 한 마리가 나타났다. 이를 본 한 친구는 재빠르게 나무 위로 피신했지만, 미처 피하지 못한 친구는 곰이 죽은 사람은 먹지 않는다는 것을 떠올리고는 죽은 척을 했다. 곰은 냄새만 맡고 가버렸다. 그러자 나무에서 내려온 친구가 곰이 무슨 말을 했느냐고 물었다. 그러자 친구는 "위험한 일을 당했을 때 친구를 버리고 도망가는 친구와는 가까이 지내지 말라고 곰이 충고했다."라고 답했다.

이 이야기는 어려움에 처한 친구를 어떻게 대해야 하는지와 내가 충고를 받았을 때 어떤 마음가짐을 가졌는지를 생각하게 해주었다. 사실 나도 미처 친구를 생각하지 못한 경험이 있다. 초등학교 5학년 체육시간 때 피구를 하고 있었다. 내 뒤에는 친구가 있었고 내 얼굴 쪽으로 공이 날아오고 있었다. 피해야 한다는 생각밖에 들지 않아 고개를 숙였고 친구가 그 공에 맞아 탈락이 되었다.

　예전에는 '곰의 충고' 이야기에서 나무 위로 재빠르게 피한 친구가 잘못했다고 판단했는데 그 후의 내 경험에 비추어 반성해 보니 그럴 수도 있겠다는 생각이 들었다. 또 곰이 나타났을 때 한 사람은 나무에 올라가고, 다른 한 사람은 죽은 척한 것을 보면서 위급상황이 닥쳤을 때 해결하는 방법도 다양하다는 것을 터득하게 되었다.

　그리고 곰의 충고를 들은 그 친구는 앞으로 어떻게 행동할까 상상해 보기도 했다. 내 경우에는 충고를 들었을 때 충고가 맞는 얘기 같으면 수용하겠지만 그렇지 않다면 충고에 대해 곰곰이 생각해보고 판단할 것이다. 만약 터무니없는 충고라면 내가 그를 이해시키려고 노력할 것이다.

자기 꾀에 빠지다

(2023. 12. 18. 월)

〈소금을 지고 가는 당나귀〉

 소금장수는 당나귀의 등에 소금을 싣고 큰 시내를 건넜다. 당나귀가 시내를 건너는데 돌에 걸려 시냇물에 빠져버렸다. 그 바람에 소금이 녹아버려 짐이 가벼워졌다. 당나귀는 기뻐하며 다음 날에도 일부러 넘어졌다. 당나귀의 속셈을 알아차린 소금 장수는 화가 나서 다음 날 당나귀의 등에 솜을 실었다. 솜은 소금보다 가벼운데도 또 넘어진 당나귀는 젖은 솜으로 인해 짐이 더 무거워졌다. 결국 당나귀는 자신이 나쁜 마음을 먹었다는 것을 깨닫고 뉘우쳤다.

이 당나귀와 비슷한 경험을 한 적이 있다. 예전에 학원 숙제가 너무 많아 한번은 숙제를 덜 해갔다. 처음에는 선생님이 봐주셨다. 그 후로 계속 숙제를 덜 해가다가 숙제가 적은 날인데도 숙제를 덜 해가자 선생님과 엄마께 꾸중을 들었다. 꾀를 부릴수록 꾀를 부리고 싶은 마음이 더 커진다는 것을 알았다. 당나귀처럼.

이기심의 기도

(2024. 1. 22. 일)

〈게으름쟁이 당나귀〉

 게으른 당나귀가 있었다. 풀과 나뭇가지를 옮기던 당나귀는 그 일이 너무 귀찮아 하느님께 다른 주인을 만나게 해달라고 빌었다. 그리고서 도자기를 만드는 주인을 만나게 되었다. 그러나 도자기는 풀, 나뭇가지보다 더 무거웠고 주인은 당나귀를 나뭇가지로 때리기까지 하였다. 그래서 당나귀는 또다시 새 주인을 만나게 해달라 빌었다. 그러자 가죽공장을 하는 사람을 만나게 되었다. 그러나 가죽은 도자기보다 훨씬 무거웠고 가죽 채찍으로 맞기까지 했다. 당나귀는 예전이 좋

앉다며 후회했다. 당나귀는 쉬운 일을 찾아 다녔지만 그때마다 더 힘든 일만 주어졌다.

쉬운 일만 찾는 당나귀의 모습을 보면서 내가 겪었던 하나의 일이 떠올랐다. 중학교 3학년 때 수학 시험 준비를 하면서 쉬운 문제부터 연습하기 시작해 어려운 문제로 넘어갔다. 문제가 너무 어려워서 그 어려운 문제는 접어두고 쉬운 문제들만 연습하다가 결국 본시험에서는 성적이 뚝 떨어지고 말았다. 당나귀처럼 쉬운 일만 찾다가 낭패를 본 것이다.

쉬운 일만 찾다가는 결국 손해를 볼 수 있다는 것을 깨달았다. 하느님께 기도할 때도 당나귀처럼 이기심의 기도를 하지 말고 자신을 반성하면서 진심으로 기도하고, 한번 약속한 것이나 결심한 것은 끝까지 지켜야겠다는 결심을 하게 되었다.

좋은 조언, 나쁜 조언

(2023. 12. 16. 토)

〈앵무새와 고양이〉

 앵무새를 좋아하는 사람이 앵무새 한 마리를 데리고 왔다. 앵무새가 처음에는 낯설어했지만, 차츰 날아다니고 노래도 불렀다. 앵무새가 침대에서 노래를 부르고 있는데 고양이가 화난 얼굴로 너 어디서 왔느냐고 물었다. 그러자 앵무새가 주인이 나를 사서 데려왔다고 했다. 그러자 고양이가 왜 자꾸 버릇없이 울어대냐고 트집을 잡자 앵무새는 살기 위해 노래한다고 했다. 그러자 고양이는 자신이 울 땐 주인이 밖으로 내던지더니, 네가 울 땐 그대로 두는구나라고 했다. 앵무새는 웃으며 고양이에게 너의 울음은 소름이 끼치지만, 내 노랫소리는 마음을 즐겁게 하거든, 그것을 몰랐다니 참 가엾구나라고 했다. 고양이는 자신의 울음소리가 앵무새와는 다른 고유의 특성이 있다는 것을 깨닫지 못하고 있었던 것이다.

이 이야기를 읽고 앵무새가 고양이에게 조언을 해주는 모습이 진실하지 못하고 비아냥거리는 모습으로 비쳤다. 예전에 다른 한 친구가 내 친구에게 너무 강하게 조언하는 바람에 싸움이 일어난 적이 있었던 기억이 떠오른다. 이것을 바탕으로 남에게 조언할 때는 아무리 도움되는 말이라 할지라도 직설로 하지 말고, 진심과 사랑이 어린 말로 해야 된다고 생각하게 되었다.

만약 내가 앵무새가 하는 말을 들었다면 일단은 수용하고 또한 그 말에 내가 상처를 받았다 싶으면 앵무새에게 나의 감정이나 느낌을 표현하는 것도 좋은 방법인 것 같다. 앵무새가 고양이에게

한 "너의 울음 소리는 소름이 끼친다."라는 표현은 고양이에게 너무 상처를 주는 것이다. "고양이 너의 소리는 참 귀엽고 사랑스러워. 그런데 밤에 울면 우는 소리가 너무 멀리까지 들리니까 주인이 잠을 깨게 돼." 이렇게 말해주면 어땠을까 생각해 보았다.

실수

(2023. 10. 9. 월)

〈까마귀와 뱀〉

 하늘을 날고 있던 까마귀가 잠자고 있는 뱀을 발견했다. 까마귀가 뱀을 쪼자 뱀이 깨어나 까마귀를 감아버렸다. 그래서 죽게 된 까마귀는 성급히 덤비는 게 아니었다며 후회했다. 만약 까마귀가 쪼기 전에 충분히 살펴보고 행동했더라면 뱀한테 잡아먹힐 일이 없었을 텐데 하는 안타까움이 들었다.

 나도 예전에 친구의 물음에 잘 모름에도 성급하게 아무 말이나 뱉어 친구에게 피해를 주고 미안해했었다. 이미 일어난 일은 되돌릴 수 없지만 앞으로는 까마귀처럼 성급하게 행동하지 말고 충분히 생각한 후에 말이나 행동을 하여 그런 실수를 하지 않아야겠다고 생각했다.

과욕은 실패의 지름길

(2023. 10. 16. 월)

〈황금 달걀을 낳은 암탉〉

날마다 황금 달걀을 낳는 암탉이 있었다. 그 덕에 암탉의 주인은 부유해졌다. 그런데 어느 날 주인은 암탉의 배 속에 있는 황금 달걀을 모두 한꺼번에 갖고 싶었다. 결국 암탉의 배를 가른 주인은 암탉의 배 속에 아무것도 없음을 알고 후회했다는 이야기다.

주인이 암탉의 배를 가르는 장면이 안타까웠다. 닭 입장에서 볼 때, 자신의 황금 달걀을 지금까지 아무런 대가 없이 주었음에도 많은 황금 달걀만을 탐내며 배를 가른 주인이 너무 괘씸하고 원망스러웠기 때문이다.

 이와 비슷한 경험을 한 적이 있다. 매일 매일의 시간은 황금 달걀같이 24시간 주어진다. 이 하루 중에는 휴식 시간도 있고, 공부 시간도 있고, 잡다한 일들이 짜여져 있는데 휴식만 취하고 싶은 욕심에 나눠서 써야 할 시간을 모조리 노는 데 써버리고는 남은 휴식 시간이 없음을 깨닫고 후회하는 일이 종종 있었다. 휴식에 빠져서 앞일을 보지 못한 내 모습이 암탉의 배를 가른 주인의 모습과 비슷하다고 느껴졌다.

 또 다른 일도 있었다. 선물로 받은 초콜릿이 있었다. 스스로 하루에 하나씩 먹기로 다짐했으나, 3일 만에 초콜릿을 모두 먹어버리고 말았다. 초콜릿이 맛있어서 하루에 몇 개씩이나 먹어버린 것이다. 그리고 나서 며칠 동안 초콜릿에 대한 아쉬움과 후회로 우울해졌다. 이때는 심지어 초콜릿을 몇 개 더 먹으면 이다유에 내가 후회할 것을 알았음에도 초콜릿을 먹고 싶은 욕망이 나를 가만두지 않았다.

  이것을 계기로 신중한 결정을 내리는 것 못지않게 욕망과 욕심을 절제하는 훈련도 중요하다는 것을 깨달았다. 과욕은 실패를 가져오는 지름길임을 체험하면서 앞으로는 이런 섣부른 일로 후회하는 일이 없도록 해야겠다.

성급함의 결과

(2023. 10. 23. 월)

〈제비와 젊은이〉

 어느 마을에 돈을 흥청망청 써 버리는 젊은이가 있었다. 가진 물건들을 팔면서까지 돈을 써버렸다. 그러다 이제 돈 될 물건이라고는 외투 한 벌밖에 남지 않았다. 그러던 어느 날 젊은이는 제비를 보았다. 제비를 보고 봄이 왔다고 생각한 젊은이는 외투까지 팔아버렸다. 하지만 변덕스러운 봄이었기에 다음 날 날씨가 무척 추워졌다. 젊은이가 추워하며 길을 걷는데 제비가 길에 얼어 죽어 있었다. 죽은 제비를 보면서 제비처럼 자신도 성급했다는 것을 깨닫고 자신의 행동을 후회하며 안타까워했다.

  나도 성급함 때문에 안 좋은 결과를 얻은 경험이 있다. 숙제를 할 때 숙제가 너무 많아 빨리 끝내지 못할 것 같은 생각에 꼼꼼하게 하지 않고 성급하게 숙제를 하다가 평소보다 더 많이 틀렸던 적이 있다. 또 성급하게 말이나 행동을 하곤해서 실수를 많이 했는데 그때마다 후회했다. '제비와 젊은이'는 나의 성급함을 일깨워 주었다.

잘못된 집중력

(2023. 11. 6. 월)

〈뱀에게 물린 사람〉

 새 잡기를 좋아하는 청년이 장대에 끈끈이를 바르고 숲으로 갔다. 숲속 높은 나무에 티티새 한 마리가 앉아 있는 것을 발견하고 장대를 가까이 들이밀었다. 티티새가 몸을 움직여 끈끈이에 달라붙을 때까지 티티새에 정신을 판 사이 뱀이 젊은이의 다리를 물었다.

 나도 젊은이처럼 무언가에 정신이 팔려 다른 것을 보지 못한 경험이 있다. 시험 기간이었을 때, 갑작스럽게 아이돌에 빠져버렸다. 아이돌과 관련된 동영상, 사진 등을 보는 것과 앨범 구매하는 것에 정신이 팔려 시험이 있다는 것을 잊어버렸다. 하지만 시험 날은 왔고, 안 좋은 성적을 받을 수밖에 없었다.

  이와 반대로 시험에 정신이 팔린 나머지 수행평가에 소홀했던 경험도 있다. 어떤 것에 집중한다는 건 좋은 현상이지만 그렇다고 아무것에나 집중해서 거기에 빠져있으면 좋지 않다는 것을 깨달았다.

잘난 뿔, 못난 다리

(2023. 11. 27. 월)

〈훌륭한 뿔과 볼품없는 다리〉

사슴이 샘물가에서 물을 마시고 있을 때 샘물에 비친 자신의 뿔을 보고는 자랑스러워했다. 자신의 몸을 더 보고 싶었던 사슴은 샘물 가장자리로 갔다. 그런데 사슴은 물에 비친 자기 다리를 보고 볼품없이 가늘어서 실망스러웠다. 그때 사자가 나타났다. 부끄럽다고 여긴 다리는 사슴이 도망가는 데 도움을 주었고, 자랑스럽다고 여긴 뿔은 오히려 나뭇가지에 걸려 도망가는 데 걸림돌이 되고 말았다. 결국 사슴 뿔이 나뭇가지에 걸려 사자에게 잡아 먹혔다.

이 이야기를 읽고 사슴의 잘생긴 뿔과 못난 다리가 마치 겉만 예쁜 노트와 겉도 볼품없지만 실용적인 노트에 비유되었다.

 어느 날 다이소에서 표지가 예쁜 노트를 샀는데 막상 열어보니 예쁜 노트는 속지가 적어 쓸 공간이 부족했다. 그러나 사슴다리처럼 표지는 볼품없어도 실용성 있는 노트는 종이 질이 좋고 쪽수도 많아 필기할 공간이 많아서 좋았다. 문득 '빛 좋은 개살구'라는 말이 떠올랐고, 무엇이나 겉모습만 보고 판단하는 것은 옳지 않다는 생각을 했다. 겉모습뿐만 아니라 그 안까지 들여다보는 마음가짐이 중요한 것 같다.

거짓말

(2023. 12. 4. 월)

〈양치기 소년의 거짓말〉

 어느 마을에 양치기 소년이 살고 있었다. 어느 날, 거짓말이 하고 싶었던 소년은 늑대가 나타났다고 큰소리를 쳤다. 이 외침을 들은 마을 사람들은 늑대를 쫓으러 달려나왔다. 그런데 양치기가 거짓말했다는 것을 알고 웃으며 돌아갔다. 얼마 후, 또 장난이 하고 싶어진 양치기는 늑대가 나타났다고 소리쳤다. 이번에는 진짜라고 믿고 사람들이 뛰쳐나왔지만, 또 거짓이었다. 이번에는 사람들이 화를 내며 돌아갔다. 그런 후 진짜 늑대가 나타나 양을 잡아 먹을 때 양치기가 도와달라고 소리쳤지만, 사람들은 나오지 않았다. 그러자 양치기 소년은 거짓말한 것을 후회했다. 양치기 소년은 반복된 거짓말로 인해 신뢰성을 잃어버렸던 것이다.

이 이야기를 읽고 내가 속임수를 썼던 일이 떠올랐다. 친구들과 마피아 게임을 하고 있었다. 내가 마피아가 되었지만, 아닌 척 연기를 했다. 결국 내가 이기고 나서 친구들이 "너 잘한다" 하며 감탄을 했다. 두 번째 게임에서도 또다시 마피아로 걸려서 또 아닌 척 속였다. 그렇게 해서 이번에도 이겼지만, 전적 때문에 그 이후로 내가 마피아가 아니어도 마피아로 몰리게 되었다. 이렇게 한두 번의 속임수는 넘겨줄 수 있겠지만 거짓이 쌓일수록 언젠가는 들통나고 신뢰성을 잃게 된다는 사실을 명심하게 되었다. 신뢰성을 잃고 나면 회복하기 힘들다는 것을 차츰 깨닫게 되었다.

비겁한 행동

(2023. 12. 25. 월)

〈비겁한 여우〉

당나귀와 여우가 함께 친구가 되어 길을 갔다. 도중에 갑자기 사자가 나타났다. 여우는 사자에게 당나귀를 줄 테니 자신을 살려달라고 했다. 사자가 이를 받아들이자 여우는 당나귀를 함정에 빠트렸다. 하지만 사자는 친구를 함정에 빠뜨리는 녀석과 약속을 지킬 필요가 없다며 약속을 지키지 않았다.

누군가를 이용한다는 것은 비겁한 행동이다. 또 비겁한 행동을 하는 것은 신뢰를 저버리는 행동이고 자신에게도 결국 좋은 것이 돌아오지 않는다. 그러므로 나는 남을 생각할 줄도 알고, 비겁하지 않은 사람으로 노력하며 살아갈 것을 결심하게 되었다.

얕잡아 보다

(2024. 1. 15. 월)

〈사자를 이긴 모기〉

 모기 한 마리가 사자 앞을 왔다 갔다 하니까 사자가 무서운 발톱과 이빨로 잡으려고 했다. 하지만 모기는 날아다니며 사자에게 약을 올려 싸움이 벌어졌다. 모기는 사자의 발톱을 피해 다니며 사자의 얼굴에 침을 쐈다. 그러자 사자는 가려워서 날카로운 발톱으로 얼굴을 긁어 피가 났다. 사자를 이긴 모기는 까불거리다 거미줄에 걸리고 말았다.

 이야기는 사자가 모기에게 항복하게 된 사유가 처음부터 모기를 하찮게 여겼기 때문이다. 그러나 이긴 모기도 이겼다고 까불대다 거미줄에 걸렸으니 둘 다 경솔했다고 생각한다.

   나도 사자와 모기처럼 얕잡아 보고 경솔하게 행동하다 큰 코 다친적 있다. 내가 중 2학년 1학기 중간고사 때, 수학 시험 준비를 하고 있었는데 수 계산인 연산을 쉬운 것이라고 얕보며 시험을 쳤다. 결국 연산에서 문제를 맞추지 못해 수학 시험을 망친 적이 있다. 나의 이야기와 이 동화는 서로 닮은 점이 있다고 생각한다. 경솔하지 않은 사람으로 노력하며 살아갈 것을 결심하게 되었다.

차별대우

(2024. 2. 4. 일)

〈양치기와 산양 이야기〉

 양치기가 양을 몰고 풀밭으로 가 풀을 먹이는데 산양들도 와서 사이좋게 풀을 뜯어 먹었다. 날이 저물자 양치기는 양과 산양을 모두 데리고 와 양우리에 넣었다. 이튿날, 비가 와서 양우리에 마른풀을 넣어 주었는데 자기 양에게는 조금만 넣어주고, 산양들에게는 자신을 잘 따르게 하려고 듬뿍 넣어주었다. 그다음 날 비가 그치고 양치기는 양들을 모두 데리고 풀밭으로 나갔는데 산양들이 모두 산으로 도망쳤다. 양치기는 달아나는 산양을 보며 안타까워 발을 동동 굴렀다. 그러자 도망가던 산양 한 마리가 양치기에게 오래 길러 온 자기 양들보다 금방 데려온 우리에게 더 많은 먹이를 주는 것을 보니 언젠가 우리도 푸대접을 받게 되리라는 사실을 알게 되었다고 말했다.

양치기는 자기가 기르던 양과 산양에게 공평한 대우를 해주지 않은 바람에 산양에게 불신을 사게 되었고 결국 산양은 도망치고 말았다. 이 이야기를 통해 차별적인 대우는 신뢰를 잃어버리게 한다는 것을 깨닫게 되었다.

세상에는 차별적으로 대하는 것이 참 많다. 예쁜 것과 못난 것, 부자와 가난한 자, 강한 자와 약한 자 등등. 나는 지금부터라도 차별적으로 대하지 않도록 조심해야겠다는 생각을 하게 되었다.

욕심이 화를 부르네

(2024. 2. 5. 월)

〈욕심쟁이 개〉

 배고픈 개 한 마리가 이웃 마을 잔칫집에서 생선을 얻어 아무도 없는 곳에서 혼자 먹으려고 개천의 다리 위를 건너다가 문득 다리 밑을 내려다보았다. 그런데 다리 밑에도 생선을 물고 있는 개가 보였다. 물속 개의 생선이 더 커 보이자 빼앗고자 하는 마음으로 물속 개를 향해 짖었다. 그 바람에 물고 있던 생선이 떨어졌다. 그제야 물속의 개가 자기의 모습임을 알고 후회했다. 결국 배고픈 개는 욕심을 부리다 화를 당하고 만 것이다.

 나도 내 욕심 때문에 화를 당한 적이 있다. 초등

학교 때 가족 다 같이 뷔페를 먹으러 갔다. 평소엔 잘 못 먹는 맛있는 음식이 많아서 한 번씩은 다 맛보고 싶다는 욕심에 너무 많이 먹어버렸다. 결국 배탈이 나서 며칠 동안 고통스러웠다. '욕심쟁이 개' 이야기를 통해 욕심을 부리면 가진 것까지 잃을 수 있다는 걸 깨달았다. 그러나 개가 욕심을 부린 것은 나빴지만, 마음 한편으로는 배가 고픈 상황에서 먹이를 먹지 못하고 떨어뜨려 버린 그때의 심정이 어땠을까 생각하면 마음이 몹시 아프다.

노력이 자만을 이기다

(2024. 2. 17. 토)

〈토끼와 거북〉

  토끼와 거북이가 누가 더 빠른지 달리기 경주를 해보기로 했다. 경주가 시작되고, 토끼는 빠르게 앞질러 가고 거북이는 느릿느릿 따라갔다. 토끼는 저 멀리서 기어 오는 거북이를 보고는 실컷 쉬었다 가도 먼저 도착하리라 생각했다. 그리고 시원한 나무 밑에 태연스레 누워 잠이 들어버렸다. 토끼가 잠에서 깨어났을 때 거북이는 산꼭대기에서 땀을 흘리며 만세를 부르고 있었다. 토끼는 자신이 빠르다는 능력만 믿고 게으름을 피운 것을 후회하고 부끄러워했다.

누구나 자신의 능력만 믿고 자만하다 실수를 하는 경우가 종종 있다. 중3 때, 과학 사회 기술과 가정 시험을 앞두고 이틀이면 다 외울 수 있다고 자만하다가 막상 시험 이틀 전이 되니 급히 해야 할 일이 생기고 또 마음이 초조해지고 집중도 잘 안되는 등 계획이 뒤집힌 적이 있었다. 결국 실망스러운 성적을 받고 말았다.

이 동화에 나오는 토끼는 우리가 자만하고 게으름을 피우다가는 실망스러운 결과가 생길 수 있다는 것과 목표 성취를 위해서는 거북이처럼 느리더라도 꾸준히 성실하게 해야 한다는 것을 말해주고 있다.

강자와 약자

(2024. 2. 18. 일)

〈양치기의 실수〉

 해가 지자 양치기는 양 떼를 우리로 데려가고 있었다. 풀을 뜯어 먹느라 정신없이 무리에서 혼자 떨어진 양을 향해 양치기가 따라오라고 소리쳤다. 양은 못 들었는지 여전히 풀을 뜯고 있었다. 양치기는 화가 나서 돌을 던졌고 양의 뿔이 부러졌다. 그러자 양치기가 급히 달려가서 울고 있는 양에게 사정했다. 주인에게는 제발 알리지 말라고 사정했지만, 양은 울면서 대답했다. "돌을 던지기 전에 지금처럼 와서 나를 데려갔으면 좋았을 텐데, 주인이 부러진 뿔을 못 볼 리가 없잖아

요." 양은 풀을 먹느라 부르는 소리를 못 들었을 뿐인데 돌에 맞아 뿔이 부러져 아파하는 양에게 미안하다고 어루만져주기는커녕 주인에게 알리지 말라고 사정만 하는 양치기가 야속했다. 그리고 양이 너무 불쌍했다.

이 이야기에서 양치기는 사회적으로 회사에서는 상사, 가게에서의 손님, 힘 쎈 사람 등의 강자로 비유되고, 양은 상사 밑의 직원, 손님을 상대하는 직원, 노인, 어린이 등의 약자로 비유되었다. 내 주변에도 노인, 나보다 약한 어린아이들, 장애인 등의 약자가 있고 그 반대로 학교나 학원의 선생님들, 학교 선배들 등의 강자가 있다. 약자에겐 함부로 대하고 강자에겐 잘 보이려고 노력하는 양치기 같은 나의 모습도 순간 발견할 수 있었다. 앞으로 나는 약자에게나 강자에게나 친절하게 대하는 사람이 되도록 노력해야겠다고 생각했다.

자만심이 불평을 쌓네

(2024. 2. 26. 월)

〈사냥개와 집 지키는 개〉

어떤 사람에게 사냥을 하도록 훈련받은 개와 집을 지키도록 훈련받은 개가 있었다. 주인은 이 두 마리의 개에게 항상 똑같이 먹이를 나누어 주었다. 어느 날 사냥개가 집 지키는 개에게 내가 사냥해 왔는데 먹이를 똑같이 나누어 준다고 불평하자 집 지키는 개는 "다 주인의 뜻인데 나에게 불평해봤자 소용없다."고 말했다. 사냥개는 자신이 잡은 먹이가 자기 것이라고 자만심을 품은 것이다.

이 이야기를 읽으며 신약성경의 '포도원 일꾼과

품삯' 이야기가 떠올랐다. 그 이야기에서도 주인은 아침부터 일한 일꾼이나 저녁나절에 와서 일한 일꾼에게 품삯을 똑같이 주었다. 그러자 아침부터 일한 일꾼이 늦게 온 일꾼과 품삯이 똑같다고 불평했다. 그러나 주인은 품삯을 주는 것은 '내 마음이다'라고 했다.

어느 날 영어학원에서 같은 그룹의 친구 성적 때문에 단체로 야단을 맞은 적이 있었다. 나는 그때 영어 시험을 잘 쳤기에 그 야단을 듣는 것이 몹시 억울했다. 그러나 이제 생각해보니 나도 성적이 오를 때가 있지만 내려갈 때도 있었다. 그럴 때 역시 다른 친구들도 나처럼 억울하지 않았을까 하는 반성을 하게 되었다. 그때 억울한 생각이 들었던 것은 나의 자만에서 일어난 일이라 생각되어 반성을 하게 되었다.

주연우의 글쓰기
사슴과 포도나무

인쇄 | 2025년 8월 8일
발행 | 2025년 8월 15일

글쓴이 | 주연우
펴낸이 | 장호병
펴낸곳 | 북랜드
　　　　04556 서울 중구 퇴계로41가길 11-6, JHS빌딩 501호
　　　　41965 대구 중구 명륜로12길 64(남산동)
　　　　전화 (02)732-4574, (053)252-9114
　　　　팩스 (02)734-4574, (053)252-9334
　　　　등록일 | 1999년 11월 11일
　　　　등록번호 | 제13-615호
　　　　홈페이지 | www.bookland.co.kr
　　　　이-메일 | bookland@hanmail.net

책임편집 | 김인옥
기　　획 | 전은경
교　　열 | 서정랑

ⓒ 주연우, 2025, Printed in Korea
* 저자와 협의하여 인지를 생략합니다.

ISBN 979-11-7155-136-1 03810
ISBN 979-11-7155-139-2 05810 (E-book)

값 10,000원